新・近代立憲主義を読み直す

阪本昌成
SAKAMOTO MASANARI

成文堂

はしがき

（1）J・ルソーは『人間不平等起源論』（岩波文庫、1993年）の序文において、こう述べています。

> 「人間のすべての知識のなかでもっとも有用でありながらもっとも進んでいないものは、人間に関する知識であるように私には思われる。〔中略〕
> 　これほどやりにくい、しかも今日までほとんど人が思ってもみなかった、こうした探究こそ、しかしながら、人間社会の現実の基礎に関する知識をわれわれの目から隠している無数の困難を取り除くための、われわれに残された唯一の手段である。自然法の真の定義についてあれほどの不確実さと曖昧さとを投げかけているのは、人間の本性に関するこの無知なのである」
> （訳書25～28頁）。

　人間の意思の主観性や移ろいやすさを知っていたルソーは、ある国制のなかに法則を人為的に作りだし、これでもって人間の本性を呼び戻そうとしました。私は、彼のこの処方は結局は間違っており問題解決に失敗した、と本書のあとがきで結論していますが、彼の問題設定には、大いに共鳴しています。

　（2）近代の政治哲学の重要なタームの多くは、ギリシャ時代の

用語に起源をもっています。その典型例が、国制を意味するpoliteis、都市国家を意味するpolisでしょう。ラテン語では、politeisがres publicaに、polisはcivitasになっていったといわれます。社会科学の基本用語と枠組みのほとんどが、ギリシャの時代に生まれ出た、ともいわれています。　ルソーが、あれほど「自然法」や「人間の本性」に神経質であるのも、ギリシャにおける「自然physis／人為nomos」以来の枠組みを意識しているからでしょう。

"人為は移ろいやすい、"ということは、人為法、すなわち、実定法が正しさの確固たる規準となることはありません。ギリシャの哲人たちが、正義はピシスに根ざすものと考えようとしたのは、人為の移ろいやすさを自然的正義によってパッキングしようとしたからでした。

ギリシャ語のphysisは、naturaとラテン語訳されて、今日のnature（英、仏）、Natur（独）となり、日本語では「自然」または「本性」と訳されます。

他方のnomosは、ラテン語ではlexとなり、英語のlaw（法、法則）やconvention（慣習）、フランス語のloi等になっていきます。

ここで私たちが留意しなければならない点は、時代によって、また、論者によって、ギリシャ語に淵源をもつ基本用語が激しい語義転換をみせてきたこと、です。

（3）本書で私が最も神経質になって語義転換を追い求めたのが、nature（natural）、society（social）、でした。

通常、natural lawは「自然法」と、civil societyは「市民社会」と日本語訳されます。が、私は、この訳では一面的な意味しか伝え

られない、と考えています。

　まず、natural law についてみますと、ホッブズ理論におけるそれは「野生の掟」を、ロック理論でのそれは「人間本性の法則」を、スミス理論におけるそれは「非人為的な必然性」を意味しています。

　次に、society または social は、「社会（的）」にとどまらず、「人間のふれあい」、「社交性」、「相互依存性」、「人が文明化または道徳化される過程」等を意味しています。ケルゼンは、ある論考の注なかで、"sozial とは、人間のあるべき行為のネットワークまたは過程のことだ"という趣旨を述べています。この一文に接したとき、私は social という用語・洋語が「社会」以上のなにものか、重大なことを含意しているのだ、と気づきました。

　Citizen（civil or civic）となると、その語義はますます混迷を極めています。この混迷は、多義的な society と結びついて Civil Society となったとき、その意義をさらに捉えどころのない言葉とします。福田歓一が指摘したように、Civil Society を「市民社会」と訳出すること自体、反省されなければなりません。

　（4）中世自然法思想も、合理主義啓蒙思想の自然法論も、ともに「natur と ratio」をうたいあげましたが、その内実を全く異にしていました。後者のいう natur と ratio とは、人間に本来的（naturally）に備わっている理性（reason）を指し、この人の特性こそ human nature だ、とされました。

　これに対して、批判的合理主義は、自己の利益の最大化を計算（ratio）して行動する傾向をもっていることこそ、human nature ではないか、と衝きました。政治社会における生活とは別に、私的

な生活領域と時間とを手に入れ始めた近代の人びとの、現実の行動様式を観察して、批判的合理主義者はそう考えたのでしょう。彼らは、この私的な生活領域に「近代と人間の自由」を見出しました。「公的領域／私的領域」の区別に気づかれた、といってもよいでしょう。

この二分法にさらにひねりを加えたのが、ヘーゲルです。近代の世俗自然法論が、あいかわらず神学的自然法と同様に、思弁的で、宙ぶらりんの空論だと見抜いたヘーゲルは、human nature の見方に関する限り、批判的合理主義に与しました。が、国制を論ずるにあたって、「国家／市民社会」二分法にはよりませんでした。これ以上の説明は、本文に譲りましょう。

（5）ここで私が言いたいことは、国制を論ずるにあたっては、human nature を与件として扱ってはならない、ということです。この捉え方が、natural law の捉え方を決定しますし、人間の自由と平等の見方をも左右します。慎重に、慎重に。

私は、わが国の憲法学が「自然権」、「自然法」、「自由」、「平等」、「理性」、「人格」、「人間性」、「人格性」、「市民」、「社会」、「公的領域」、「政治」等々の基幹的な用語の語義転換に留意しないまま、望ましい結論に到達するためにこれらの言葉を自在に用いてきたのではないか、と感じてきています。

ある概念は、その内包を豊かにしていけばいくほど、外延を縮小させていくはずですし、言葉を慎重に扱う人は、そう意識しながら理論を展開するよう試みるはずです。ところが、憲法学は、ある概念の外延を伸長させては強引に望ましいことすべてを取り込もうとしすぎた結果、その内包を希薄化させてきたように私には思われて

なりません。

　上に例示した概念は、歴史上、大いに論争をよんできたものばかりですから、それらの外延と内包を見事に取り出してみせることの困難さを私とて十分に知っておりますし、これらが時間とともにニュアンスを変えてきたことも承知しております。

　そのことを考慮に入れたとしても、"わが国の憲法学は望ましい結論を引き出すために、西洋思想のいいとこ取りをしてきたのではないだろうか"、この疑問が第2番目に私の頭に浮かび上がりました。

　（6）私は、「自由／民主」という区別については、別の機会に既に論じ、それに付随して「自由／平等」の別に関してもふれました（『リベラリズム／デモクラシー〔第二版〕』〔有信堂、2004年〕を参照いただければ幸いです）。

　本書は、「人間性」および「自然法」について私の捉え方を明らかにすることを目的としています（もっとも、すでにふれましたように、natural law を「自然法」と訳すこと自体に疑問の目が向けられなければなりませんが）。

　本書で私は、I・バーリンのひそみに倣っていえば、人為や自然の捉え方については《ルソーが間違っていて、ヒュームが正しかったのではないか》という視点を貫こうとしております。

　もしも、スコットランドの啓蒙思想家D・ヒュームの視点に立って歴史を振り返るとすれば、私たちは、中世と近代とは截然と区別できはしないこと、人間の本性を「近代」という時代の色で染め上げようとする革命は無謀な計画であること、歴史の変化は見事な因果関係で解明できはしないこと等を知るでしょう。「人間性」や

「自然法」を解明するにあたってのアルキメデスの点などない、と考えたほうがいいのです。

（7）「自然法」思想に通底する課題は、「人為／自然」、「法則／自由」、「個／全体」、そして、「国家／市民社会」等々の対立をいかにして調整するかという問いかけでした。これらはプラトンが提起した「正義／統治」というギャップをどう埋めるか、という課題でもあります。「自然法」は、これらの対立を架橋し乗り越えるためのキー・ワードであり、トータルな解答でした。トータルな解答であるだけに、一見、見事のようですが、それだけ外延は伸長されすぎており、そのぶん、内包は実に希薄化されております。

自然法思想の影響を受けたわが国の憲法学教科書は、"人権とは人が人であることによって、無条件的に保障される利益である"とか"人権は、人間性の故に保障される法力である"という趣旨のことをよく言ってきました。

しかしながら、"人であること"、"人間性"という言葉から人権を演繹することの空虚さを市井の人びとは、直観的に見抜いてきたのではないでしょうか？　憲法学が"人であること"、"人間性"を口にするとき、そこには宗教改革に直面した人たちにみられたはずの苦悩が微塵も感じられないのです。

福田恆存は『日本を思ふ』（文春文庫、1995年）において、「人間の本質が二律背反にある」と指摘しておりますが、もっと正確には、二律背反どころか、矛盾に満ちた存在だ、と言うべきだったでしょう。この人間の本質を見据えないで、人の道徳的・人格的属性を出発点とする理論は安易すぎます。

（8）社会理論は、人間の利己心、虚栄心、権力欲、不合理さ、

はしがき　vii

矛盾、無知、複雑さ、無意識等々の要素を考慮に入れながら、〔人―家族―市民社会―国家〕の順（または、その逆順）で、それぞれを関連づけていくことが必要です。この作業には、トータルな解答など望むべくもありません。不合理なものを合理的に解明してみせ、その合理的なものを次の不合理なものに照射して別の合理的なものを解明する……この無限ともいえる説明の過程を反復する必要があります。本書でふれるG・ヘーゲルの『法（権利）の哲学』と彼の弁証法は、この過程のことだったのか、と本書を書きながら私はやっと気づいた次第です。

　これに対して、〔人→その本性→自然権〕、〔人の自由意思→社会契約→国家〕という、ふたつの道筋は、「自然権保全のための国家」という命題によって隙間なく連結されております。これは、人間を個から出発させて全体へと統合させているだけに、筋の明確な説得力あふれるものとなっているかのようです。この筋を説いてきたのが、本書のいう「合理主義」です。合理主義は、人間という主体が当然に普遍的にもっているとされる正邪判断の基準を、国のかたちに対しても、社会全体に対しても当てはめ、この基準に従って国家と社会を組織化しようとします。この考え方の前提には、"人間は社会や国家の主体＝基体であって、客体（対象）ではない"というヒューマニスティックな発想が横たわっています。人間は社会や国家を統御すべきであり、また実際に統御できる、という訳でしょうか。

　（９）ヒュームに代表される反・合理主義は、人間が簡単に統御できはしない領域を知っております。その一例を挙げますと、私たちは人と出会ったとき挨拶をするという慣習がそれです。人びと

は、なぜ挨拶をするのか、その理由を知らなくてもよく、どのように挨拶するのか、というやり方を知ることだけで十分です。挨拶の仕方も長い時間の間に変わっていきますが、この変化とて人間の意思による統御のたまものではありません。ある哲学者は、自然でもない、人為でもない、第3の領域こそ、「社会と呼ぶにふさわしい」と論じております。

トータルな一発解答を与えてきた合理主義、これに対して、合理的なものと不合理なものとをたえず照合しながらも「社会科学に普遍的原理や正答などない」と回答する反・合理主義、このふたつの思想の勝負はみえております。教科書と教場を支配するのは、合理的なものを合理的に説明する立場となるからです。

それでも、《理解されやすい学説はたいてい間違っている、正しい学説は理解されることがない》と感じてきた私は、合理主義のもつ魔術に打ち勝ちたいと希望しております。

説明のつきがたいものを合理的に説明するには、合理性の外に一旦出ることを要します。このことを考えながら私は《ルソーが間違っていて、ヒュームが正しかったのではないか》と、上に述べたのです。

近代を中世から切り離したうえで、ある因果関係をもって近代への展開を切り出してみせる、という業は鮮やかすぎます。近代は市民革命によってもたらされたものではないようです。

   *   *   *

私のような反・合理主義者の書物を公刊してやろうとする出版社

は稀少です(経済市場においては希少財は貴重となるはずですが、学界においてはそうはなりません)。本書の公刊は、成文堂関係者の皆さんの支援があったからこそ実現できました。いつもながら、成文堂代表取締役社長阿部耕一氏と編集部の土子三男氏にお世話になりました。ここにお礼を申し上げます。

2008年8月

阪 本 昌 成

目　次

はしがき

第 I 部　近代立憲主義のふたつの流れ
——合理主義と伝統主義——

はじめに——第 I 部のねらい　*3*

第 1 章　啓蒙思想のふたつの流れ　*13*
〔1〕「合理主義／伝統主義」　(*13*)
〔2〕 それぞれの特徴　(*15*)
〔3〕 イングランド的啓蒙とスコットランド的啓蒙　(*17*)

第 2 章　啓蒙思想の源流——ホッブズ理論　*20*
〔1〕 自然法学の誕生　(*20*)
〔2〕『リヴァイアサン』のねらい　(*23*)
〔3〕 ホッブズ理論の革命的性質　(*27*)
〔4〕 ホッブズ理論の特徴　(*29*)
〔5〕 ホッブズ理論への挑戦　(*33*)

第 3 章　啓蒙思想の発展——J・ロック理論　*35*
〔1〕 キリスト教徒・ロック　(*35*)
〔2〕『統治論』のねらい　(*37*)
〔3〕 ロックの「市民社会」論　(*39*)
〔4〕 ロックの自由論　(*44*)
〔5〕 ロック理論の特徴と欠陥　(*47*)

〔6〕 ロック理論の影響 *(48)*

第4章　啓蒙思想の転回点——J・ルソー理論　*52*

〔1〕 ルソーの課題 *(52)*
〔2〕 ルソー理論の特徴 *(57)*
〔3〕 神のごとき立法者 *(62)*
〔4〕 「自由の専制」理論 *(68)*
〔5〕 ルソー理論の欠陥 *(72)*

第5章　D・ヒューム——スコットランド啓蒙思想Ⅰ　*76*

〔1〕 反・社会契約論 *(76)*
〔2〕 ヒュームの視点 *(79)*
〔3〕 国家樹立の導因 *(84)*

第6章　A・スミス——スコットランド啓蒙思想Ⅱ　*90*

〔1〕 スミスの着眼点 *(90)*
〔2〕 『グラスゴウ大学講義』 *(93)*
〔3〕 『諸国民の富』 *(97)*
〔4〕 スミス理論の特徴と難点 *(104)*

第Ⅰ部のまとめ　*108*

第 II 部　立憲主義の転回
――フランス革命とG・ヘーゲル――

はじめに――歴史の節目で　*117*
〔1〕　戦後憲法学のひ弱さ　(*117*)
〔2〕　平等概念の拡散　(*119*)

第1章　「国家／市民社会」のゆらぎ　*124*
〔1〕　市民社会の中心テーゼ　(*124*)
〔2〕　市民社会の見方　(*127*)
〔3〕　市民社会の欠如？　(*129*)
〔4〕　「国家／市民社会」のねらい　(*131*)
〔5〕　ヘーゲルの悩み　(*137*)

第2章　いくつかのリベラリズム　*144*
〔1〕　修正リベラリズムの台頭　(*144*)
〔2〕　古典的リベラリズムの復活？　(*147*)

第3章　わが国嫡流憲法学の特徴　*150*
〔1〕　黙殺されてきた事柄　(*150*)
〔2〕　看過されてきた事柄　(*155*)

第4章　近代自然法論の特徴　*162*
〔1〕　人格主義の危険性　(*162*)
〔2〕　人格主義の虚構　(*165*)

第5章　近代自然法批判　168
　　〔1〕　ヘーゲル『法の哲学』のねらい　(168)
　　〔2〕　市民社会における人間の本性　(173)
　　〔3〕　正義概念の拡散　(177)

第6章　立憲主義のモデル　182
　　〔1〕　フランス革命の典型性？　(182)
　　〔2〕　近代の鬼子？　フランス革命　(186)
　　〔3〕　アメリカ革命と独立宣言　(199)

　　　　第Ⅱ部のまとめ　209

　　　　あとがき　213

第I部
近代立憲主義のふたつの流れ
――合理主義と伝統主義――

> 人間について語ることは、実際、人間の情念について語ることである。それは、人間の情念について科学的に語ることであって、人間の外にあって規範となるような倫理的秩序の上に社会の基礎を置くことではない。人間に、彼のしなければならないことを教えることが重要なのではない。
>
> P・ロザンヴァロン*

＊長谷俊雄訳『ユートピア的資本主義』（国文社、1990年）25頁から。

はじめに——第Ⅰ部のねらい

〔**1**〕 権力分立の理論は何を目指していたのか、そのおおよその知識は多くの人びとがもっております。が、その真の姿となると専門家ですら理解することは困難です。

諸社会科学の教科書類が、権力分立の理論は近代立憲主義の必須のファクタだ、とこれまで繰り返し指摘してきたわりには、権力分立が法の支配と密接に関連していること、いや、権力分立とは法の支配の言い換えであったことを知る人は少ないことでしょう。

本書は、実に迂遠な行程をたどって、〔立憲主義↔権力分立↔法の支配〕という相互関係を解明する第一歩を踏み出すための書物です。本書が「第一歩を踏み出す」というのは、三つの項目のうちの立憲主義だけをとりだして解剖するにとどまるからです。それだけでも、厖大なエネルギーを要します。

〔**2**〕 立憲主義といわれる思想体系にも、ふたつのものがあると一般にいわれてきています。「近代立憲主義／現代立憲主義」です（神の教えを国制の基礎だとした中世立憲主義は、これらとはまた別個の流れに属しますから、ここでは無視していいでしょう）。

近代立憲主義を特徴づける要素は、自然権の保全と権力分立だといわれてきております。このふたつは、ともに《人間の生まれながらの自由をいかにして国家から保護するか》という問に対する解答

でした。

　もっとも、自然権もしくは自由への見方または権力分立構造の捉え方は、国によってさまざまでした。一言で「近代立憲主義」という場合にも、大きくいえば、フランス的なものと、アメリカ的なものとがあります。このふたつの流れは、どこでどのように分岐したのか。このことを考えてみるのが本書の課題です。

　他方の「現代立憲主義」とは、近代立憲主義の思想を受け継ぎながら、"近代の産み出してきた矛盾"を解消しようとする憲法思想です。

　"近代の産み出してきた矛盾"とは何でしょうか？

　それは、"市民社会の産み出した矛盾"と言い換えることができます。では、「市民」または「市民社会」とは何をいうのか？と考えていかなければなりません。

　「市民」、「社会」そして「市民社会」の意味するところを、今一度、古典的著作に立ち戻って考え直そうとすることも本書の目的です。

　こうした迂遠な行程をたどってはじめて私たちは、社会科学における基本概念である自然権、法の支配、権力分立、市民社会、経済市場等の真髄に到達することでしょう。

　〔3〕　1980年代のわが国の思想界は、フランスで喧伝された「ポスト・モダン」に代表される現代思想ブームの潮流に、一時、大きく影響されました。この現代思想は、認識や主体の問題を、謎めいた、ときに、衒学的な装いで呈示し、その新奇さのせいもあってしょう、哲学者たちを惹きつけたようです。たしかに、ポスト・モダンは、主体としての人間像や普遍的原理に依拠してきた従来の思

想に揺さぶりかけた点で、痛快でした。

　ところが、「ポスト・モダン」を、今振り返ったとき、それがわが国の思想体系にどれほどの成果を定着させたかとなると、心許ない限りです。その状況は、思想を受け取る側の弱腰と、哲学者自体の思想力の弱さとを露呈しているように私には感じられてなりません。

　もっとも、ポスト・モダン思想と呼ばれたものの成果が不確かであったとしても、それは、近代の国家観を支えてきたG・ヘーゲルの哲学、なかでも、真理・道徳・共同体という三つの価値、理性と普遍性という概念に対するアンチ・テーゼを、渾身の力を込めて突きつめてみようとするものでした。このことの意義を私とて否定しようとは思っておりません。

〔**4**〕　こうしたわが国の思想界での動きに、わが国の法学界、特に憲法学界のそれを対照させますと、後者の一面的な定着ぶりが奇妙に浮かび上がってきます。

　人という主体、その人格、個人と全体との統合、(近代)国家と市民社会の成立、国家の権力・権威の統制、正義、公共性、戦争、自由、精神、意思、宗教、経済市場等々の意義の解明を課題とする憲法学は、ただただヨーロッパ大陸に主流の近代啓蒙の哲学のみを基礎として体系化されてきたように私にはみえます。そこには、「近代の啓蒙思想／これをうち破ろうとしたヘーゲルの格闘」、という対立構造について、学界内部から見直そうとする傾向すらみられておりません。

　この状況は、思想を受け取る側の弱腰以前の、思想の閉塞状態とでもいうべきではないでしょうか。その弱腰は、アメリカにおける

正義論や共同体論に影響を受けてふらつく、最近のわが国憲法学にも表れております。

　なるほど、わが国の憲法学界にも、体制選択問題と絡んで、「マルクス主義憲法学か非（反）マルクス主義憲法学か」、「自然法思想か法実証主義か」、「主権論か人権論か」、「護憲か改憲か」をめぐっての緊張関係がみられたこともありました。しかしながら、その論争も、大陸での合理主義的近代哲学という土俵の上で展開されたにすぎません。それらは、いずれも、どこかに最適規範を立てたうえで、これに適合的な国家や市民社会のあり方を構想し、これに現実の国家・市民社会を照射して、現実態の不完全さを誇大視する傾向を示してきました。こうした議論は、最適規範となるような倫理的秩序を、現実の"市民社会"の上に置くか、または、論者自らは現実の市民社会とは隔絶された高みから現実を観察しながら、人や社会のあるべき姿を公衆に教える「宣教師的憲法学」だったようです[1]。"人権は、人間の人格的・理性的本性に基づいた普遍的な価値である、だから、現在および将来の日本人は、これを守っていかねばならない"という言い方がその例です。その発言の裏には「護憲の思想」が透いて見えております。この種の論調に彩られた憲法学を私は「嫡流憲法学」と呼ぶことにしています。

〔5〕　わが国の嫡流憲法学は、人間の本性、人間性、人間の尊厳、自律的人格的能力等々、近代の主流啓蒙思想の説いてきた人間の道徳的能力に依拠し続けてきました。それは、実に無垢な善意にあふれた語りでした。ところが、その無垢さをもってしては、改憲

1）　阪本昌成『憲法2　基本権クラシック〔全訂第三版〕』3〜4頁（有信堂、2008年）においても、私は本文と同じ見解を述べております。

派に対しても、マルクス主義に対しても、対抗力をもった理論体系を呈示することはできないでしょう（実際、できなかったように私にはみえます。そうできなかったのは、憲法学がヘーゲルをどうみるか、という課題をこなさなかったからだ、というのが私の診断なのです。この私の診断については、後半の第Ⅱ部で論ずることにしましょう）。

　憲法学は人間の道徳的人格的能力を説いてはならない、というつもりは私にはありません。《**人間の道徳的人格的能力は、公共的・普遍的というよりもむしろ、個人的・個別的なものだ**》と私はいいたいのです。その能力は経験的に培われ、少しずつ修得されていく個人の特性だと私は信じております。換言すれば、《憲法学は、人間をみるにあたって、類としての特性だけを強調することでは足りない》ということです。個々人は、類としての特性を超えて、個人的・個別的な違い（それぞれの個性）をもって活動する主体なのだ、と私はいいたいのです。

　そればかりでなく、人間の知識は限られており、しかも各個人に固有であるという意味で主観的だ、と私は確信しております。《人間は、特定の価値を識別することはできるが、普遍的な価値、たとえば、善や正の概念すべてを知ることはできない》、《ましてや、普遍的な善や正を実践する道徳能力など、人間はもたない》、《善や正の普遍的論拠を知らなくても、具体的な行為のやり方を知っていることこそ重要だ》、これが私の正義や人間の見方です。

　「人は生まれながらにも自由・平等だ」といったナイーヴな善意の花を飾り立てるがごとき言説を繰り返してきた憲法学の（護憲派の）思想は、予想以上に弱々しいものだ、と私は思っております[2]。

　戦後の憲法学は、人権の普遍性とか平和主義の普遍性を誇張して

きました。それらの普遍性は、国民国家や市民社会を否定的にみるマルクス主義と不思議にも調和しました。現在でも公法学界で相当の勢力をもっているマルクス主義憲法学は、主観的には正しく善意でありながら、客観的には誤った教説でした（もっとも、彼らは、死ぬまで「客観的に誤っていた」と認めようとはしないでしょうが）。

〔6〕 憲法学の主要課題は、立憲主義の意味あいを明確にすることにあるはずです。

この課題に取り組むためには、「国家／社会」、より正確にいえば、「国民国家／市民社会」という峻別論を真剣に受けとめることを要します（この課題は、第Ⅱ部第1章で扱います）。

ところが、これまでの憲法学は、「国民国家」の意義も、「市民社会」の意義・働きも、真剣に分析してきたとは私には到底考えられません。その正確な理由は、私にはわかりかねますが、私の推測するところによれば、「国民国家」を論じ始めると、民族性（日本人であること）を強調する理論となって、戦前の民族主義・軍国主義の亡霊を呼び起こすものとして忌避されたためでしょう。

「市民社会」となると、"それは自由経済体制と同義で、ブルジョアの利益を増殖させる領域だ"という、一種の決めつけがわが国の社会科学にみられました。そのために、その意義・機能が真剣に振り返られなかったのではないか、と思われます。

かくて、憲法学にとって基礎概念であるはずの「国民国家」や「市民社会」を一挙に飛び越えて登場するのが、「世界市民」とか

---

2) 参照、加藤典洋『敗戦後論』315頁（講談社、1997年）、同『戦後的思考』（講談社、1999年）。大澤正道『戦後が戦後でなくなるとき』（中央公論社、1995年）も参照してください。

「世界平和」といった装飾性に満ちた偽善的な言葉です。「世界市民」という理想に近づくためには「市民社会」は邪魔になります（真相はその反対で、国民国家という閉鎖性をうち破ったのは自由経済市場という「市民社会」だった、というのが私の見方です）。

そういえば、「市民社会」はマルクス主義によれば「ブルジョア社会」ですから、「市民社会」を警戒する憲法学の論調はこれと共鳴しあいます（このことについて私は、第Ⅱ部でも論ずるつもりです）。

この共鳴をさらに増幅したのが、"人権は普遍的な価値だ"という主張でした。その論拠として、戦後の嫡流憲法学は、特定の「近代の啓蒙思想」を拡大して私たちに見せました。

戦後憲法に一貫して大きな影響を与え続けてきた学説がロック的な自然権・自然法論と社会契約論を背景にしてきたわけが、読者の皆さんにもこれでおおよそ見通せてきたことでしょう。

戦後の憲法学は、憲法学界という「閉じられた世界」で、西洋思想のいいとこ取りをしながら、善意に満ちた（偽善的な）教説を孤高の正しさとして繰り返してきたようです。私は、嫡流憲法学が西洋思想のいいとこ取りをしてきたさいに、その選び方を間違ってきたのではないだろうかと、いつも気掛りでした。「間違ってきた」という言い方は"不遜だ"と批判されることでしょうから、**《西洋思想のキー・ワードを曖昧なまま放置してきたのではないか》**とソフトな言い方に換えましょう。その曖昧さは「民主的」という一語でカヴァされてきたようにも思われます。

〔7〕 上で簡単にふれましたように、戦後の「民主的」憲法学は、自然権・自然法・社会契約の思想に強く影響されてきました。

第Ⅰ部　近代立憲主義のふたつの流れ——合理主義と伝統主義——

　わが国の憲法学が、これらの思想を〔絶対主義→近代国家→市民革命→国民国家→立憲国家〕という歴史的展開を解明するさいのキー・ワードとして援用するのであれば、私にも何らの異論はありません。が、日本国憲法における個別的な論点を解釈するにあたっても、"○○権が自然権としての性質をもっているから……"とか"もともと国家の存在理由が人権を保障することにある以上……"といった、大仕掛けの論法が今なお反復されるとき、私は頭を抱えざるをえません。

　本書が明らかにするように、自然状態、自然権、自然法、社会契約、市民、市民社会という憲法学における基本概念は、これを論じた思想家によって大いに異なっております。「自然状態」という言葉でJ・ロックのイメージしたものと、J・ルソーのイメージしたものとは大きく違います。ということは、同じ「市民」、「市民社会」という言葉を、この二人が使っているとしても、その意味あいは全く違っている、と私たちは予想しなければなりません。ということは、また、自然状態を抜け出て市民社会を作りあげるための「社会契約」の性質・方向も一様ではない、ということになります。このことを明確にすることも、本書のねらいのひとつです。

　〔8〕　本書の最大のねらいは、《自然状態から市民社会を人為的に作りあげようとする思想の流れとは別に、もうひとつの啓蒙の思想があるのだ》ということを明らかにすることです。「スコットランドの啓蒙思想」のことです。この啓蒙思想が「自然」、「自然権」、「自然法」、「市民」、「市民社会」という言葉を用いているとき、それは社会契約論者のいう用法と同質ではないのです。

　憲法学者も、「自然権」、「自然法」、「自然的自由」、「市民」、「市

民社会」という言葉をたびたび使用しておりますが、ところが、論者が何をイメージして言っているのか、私には皆目わからないことが多く困惑するばかりです。

　もっとも、憲法学がキー・ワードを曖昧なまま放置してきたことについて、私たちは寛大であるべきかもしれません。なぜなら、キー・ワードはそれだけ歴史の垢にまみれることを余儀なくされてきたからです。

　私がしびれを切らせているのは、戦後の「民主的」憲法学が「市民社会」の病理を誇大視して、間違った処方箋を私たちに示したのではないか、という点です。「経済自由市場は貧富の差を拡大するばかりだ」とか「日本は成熟した市民社会ではない」といった主張がそれです。

〔9〕　この第Ⅰ部では、①啓蒙の思想にも、大きく、「合理主義／伝統主義（批判的合理主義）」という、ふたつの流れがあること[3]、②宣教師的憲法学に代わるためには、そのうちの非主流に位置する啓蒙の体系に基礎を求めたほうがよいこと、を私は論ずる予定です。《伝統的な思考からあえて距離をとって考え直すためには、別の体系が必要だ》と、あえて一面的になることを覚悟で私は《別の体系》を以下で展開することになるでしょう。同じいいとこ取り

---

3)　渡辺幹雄『ハイエクと現代自由主義』（春秋社、1996年）は、「合理主義／反合理主義」、「ミクロ／マクロ」というふたつの座標軸を設定したうえで、カント・コネクション、ヘーゲル・コネクション、ヒューム・コネクション、ニーチェ・コネクションの四つの流れを示しています。この類型のほうが詳細で正確でしょうが、簡素に説明するとすれば、本文のような分け方でも十分だと私は考えています。古賀勝次郎『ヒューム体系の哲学的基礎』21頁（行人社、1994年）も、「理性／経験」、「理論的人間学／経験的人間学」という枠組みを示しています。

するなら、嫡流憲法学とは違った角度で、近代立憲主義の歴史と源流を切り出してみよう、というわけです。

　こうした大掛かりな歴史解釈を論ずることは、一面では気恥ずかしいのですが、近代立憲主義を再構成するための助走として必要な作業だと私は考えております。

　その作業のためには、"「啓蒙」といえば、偏見と後見からの解放を論ずる思想の流れだ"（I・カント）というある種の固定観念自体を、まずは再検討していかなければなりません。啓蒙は解放の思想だ、と考えることは誤りではありませんが、何からの解放であるのか、この視点が決定的に重要なのです。ある論者は、"アンシャン・レジームや身分制からの解放だ"ということでしょう。また別の論者は"蒙昧からの理性の解放だ"とか"教権からの解放だ"というものと予想されます。

　啓蒙思想が解放の対象としたものは何であったのか、そして、それは何をもたらしたのか、この点を問い直せば、啓蒙史の流れは再構成されてしかるべきだ、という理由も判明することでしょうし、そう問い直すとき、近代立憲主義の隠された姿——近代立憲主義の引証基準として無視されがちであった要素——が見えてくることでしょう。そのために本書は、civitas（civil　society）や nature（human nature）の語義転換を追います。

　この第I部での私の主張は、政治思想史・法哲学においては、既に旧聞に属する、いわば常識的知識にすぎない、ということを最初に断っておきます。にもかかわらず、私が以下で長々と議論しますのは、残念なことに、この常識的知識が憲法学界においては、さほど浸透していないからです。

第1章　啓蒙思想のふたつの流れ

〔1〕「合理主義／伝統主義」

アメリカの社会学者、R・ニスベットによる次の指摘は、実に含蓄深いものがあります。

> 「社会学のパラドックスは……次の事実に、つまり社会学はその目標と主要な社会学者のもっていた政治的・科学的価値との点で、近代主義の主流にはいりこんだけれども、その本質的概念と暗黙の視座は、一般的にいって、哲学的保守主義にはるかに近いという事実のなかにある」[4]。

これは、社会学の流れに「近代主義／保守主義」というふたつがあること、政治的には近代主義的思考が社会学界を席巻しているとはいえ、学問の本質は保守主義のなかにあること、を指摘する文章です。ニスベットのいう「近代主義／保守主義」をいう枠組みと同じことを、私は「近代合理主義／伝統主義（批判的合理主義）」と呼ぶことにしております。

---
4) R・ニスベット、中久郎監訳『社会学的発想の系譜Ⅰ』20頁（アカデミア出版会、1977年）。ただし、句読点を少し修正して引用してあります。

14 第Ⅰ部　近代立憲主義のふたつの流れ——合理主義と伝統主義——

「近代主義／保守主義」、「近代合理主義／伝統主義（批判的合理主義）」のいずれであれ、このふたつの枠組みは、社会学のみならず、ひろく社会科学全体に通用力を持っている、とみることができます。

社会学においてのみならず、社会科学の中核的な諸観念は、近代のふたつの大きな革命、市民革命と産業革命に対する知的反応として成立しました。

その知的反応には、ニスベットが指摘しましたように、ふたつのタイプがみられました。

ひとつが、「近代合理主義」であり、他のひとつが「伝統主義」です。このふたつが、爾来、社会科学の特徴的な概念構成の背景をなしてきました。

これを地理的区分によりながらわかりやすく二分するとすれば、前者が「大陸啓蒙派」、後者が「スコットランド啓蒙派」にあたります[5]。これまでわれわれが「近代啓蒙思想」と称してきたものに

---

5) 参照、坂本多加雄『市場・道徳・秩序』viii 頁（創文社、1991年）。F・ハイエクは、合理主義哲学者として、T・ホッブズ、J・ルソー、サン・シモン、A・コント、G・ヘーゲルそしてマルクス等をあげ、スコットランドの哲学者として、D・ヒューム、A・スミス、そして、19世紀のイギリスの自由主義者をあげています。また、田中正司「スコットランド啓蒙と近代自然法学」田中正司編著『スコットランド啓蒙思想研究』13～34頁（北樹出版、1988年）、坂本達哉『ヒュームの文明社会——勤労・知識・社会——』（創文社、1995年）も参照してみてください。

もっとも、「スコットランド啓蒙思想」という場合にも、厳密にいえば、田中秀夫『共和主義と啓蒙』（ミネルヴァ書房、1998年）が指摘するように、公民としての徳を強調する共和主義の源流と、ヒュームやスミスという別の流れがあるというほうが厳密に正しいのでしょうが、本書は、スコットランドにおける思想の分岐を論ずることを目的としてはいないので、本文では大筋に従って述べていきます。

も、J・ルソー、L・デカルトに代表される「大陸啓蒙派」または「合理主義啓蒙派」と、D・ヒューム、A・スミスに代表される「スコットランド啓蒙派」という、ふたつの系譜を異にする体系があるのです。

〔2〕 それぞれの特徴
　大陸啓蒙派は、"人間からなる社会と国家は、人間の理性によって意図的に合目的的に制御されるべきであり、また制御できる"と考える傾向を示してきました。それは、万人のなかに理性という普遍的標準が存在するという仮設を前提としておりました。これを認識する能力が大陸風にいわれる「人間の本性 human nature」です。大陸の法学が、"市民社会とは、合理的な存在である人間の自由な意思の連鎖体系をいう"と捉えてきたことも、"倫理的意味での人格が法的意味でのそれである"とか、"人は、人格的・理性的・道徳的存在だ"とかみてきたのも、この点と関連しています（この点については、第Ⅱ部第3章でふれます）。

　これに対して、スコットランド啓蒙派の特徴は、《ある制度、言語、法、そして国家までもが累積的成長の過程を経て展開され出てきた》とみる点にあります。それは、伝統、慣習、世論等、個人の意思に還元できないものを重視する立場でもあります。だからこそ、この啓蒙思想は、理性といえども伝統・世論等によって規定されていることを承認してきたわけです。そればかりか、この立場は、近代自然法論とは対照的に、理性に対しては情念、合理性に対しては非合理性に積極的価値を認め、人間の自己実現の完成よりも人間の不完全さを直視する思想でもあるのです[6]。

また、スコットランド啓蒙派が、「自然」(nature) という言葉を使う場合、それは、「前もって確立された」、「生まれながらの」、「法則・本来の性質に従った」という意味ではありませんでした。社会で活動する人間がともにもっている感情——共感——を指すことが多いのです[7]。つまり、「自然」とは、人間の社会的な気質 (social disposition) とでもいうものを指しております。

すぐ上で私が使った「社会（的）」というタームは大いに曖昧だ、と考える人は、"social disposition" にいう "social" とは《人との交わり》を指し、"social disposition" とは《人と交わろうとする気質のことだ》とでも理解するといいでしょう。

スコットランド啓蒙派のいう**「自然」とは**、このように、**「人が社交のさいに示すナチュラルな性向」**を指すものでした。法、権利、国家を論ずる道徳理論や社会理論は、人間という主体の本性を見定めるのではなく、主体と主体との関係、すなわち、社会（人の交わり）の本性を見定めるものでなければならないからです。

これに対して、大陸啓蒙派のいう「社会」とは、完全性へと向か

---

6) 人間の情念を広く社会科学の出発点とすることの重要性に関しては、P・ロザンヴァロン、長谷俊雄訳『ユートピア的資本主義』（国文社、1990年）、A・ハーシュマン、佐々木毅＝旦祐介訳『情念の政治経済学』（法政大学出版局、1985年）が参考になります。

7) スコットランドの政治哲学者が人間について「nature」に言及するとき、《人間は社会的・社交的なものだ》ということを指すことが多いようです。この点については、「シンポジウム：一八世紀啓蒙動態——スコットランド啓蒙思想をめぐって——」社会思想史研究会編『社会思想史研究　12号』37頁（1988年）、A・スキナー、川島＝小柳＝関訳『アダム・スミス社会科学大系序説』20頁（未来社、1977年）、第Ⅱ部の注（31）をみてください。

《人間は社会的・社交的なものだ》という命題は、《人間は利己的なものだ》という利己主義を否定しているのです。

う人びとの行為の過程を指すことが多いようです。社会とは**人間のあるべきつながりまたは秩序を指している**わけです（私は、このことを後の130頁あたりでも論じています）。Socialism という用語はこの社会の捉え方の典型です。社会主義を正確に定義することは私にはできませんが、「欲望に満たされてきた市民社会を、あるべき社会構想に従って作り直そう」とする思想なのでしょう。

〔3〕 イングランド的啓蒙とスコットランド的啓蒙
〔A〕 スコットランド啓蒙派のいう「自然」は、T・ホッブズやJ・ロックのいう「自然」との重要な違いを示しています。この違いは、《イングランド的な啓蒙思想とスコットランドのそれとの違いだ》といってもいいでしょう（このうちの前者が大陸に大きな影響を与えて「大陸啓蒙派」となります）。

この違いについて、少しばかり説明してみますと、こういうことです。

すぐ後にふれますホッブズやロックは、人間という主体がそれ自体として、生まれながらに持っている性質、すなわち、人の本性を「自然」と呼びました。ホッブズやロックにあっては、この人間の本性は所与のもので、家族や市民社会における生活の過程を通して経験的に習得されるものではありません。アトムとしての個人が当然に持っている性質です。もっとも、この二人は、人間の本性の捉え方をまったく異にしていた点には留意を要します。この点をこの第Ⅰ部がしだいに明らかにしていきますが、ここで両者の違いを簡単に触れておく方が読者に対して親切でしょう。ホッブズが《人間の本性は自己を保存することにある》と捉えたのに対して、ロック

は《理性を持っていること》を強調しました。いうまでもなく、理性の捉え方はそれぞれによって大いに違いましたけれども、その能力のなかには《自発的に判断し合意すること》が含まれております)。

これに対して、スコットランドの啓蒙思想家は、人間の理性よりも感性・情念を重要視しました（ヒュームが理性をどのように捉えていたのかについては、後の第5章でふれます）。そして、感性・情念は社会生活の過程を通して経験的に徐々に習得されるものだ、とも考えました。人間の感性・情念を難しい言葉で説明するとすれば、《それは間主観的なもので、個人だけにとどまってはいない》のです。それもそのはず、感性・情念は、人が人との交わり (sociality) のなかで習得していくものですから。

〔B〕 今の私たちの知識水準からすれば、スコットランドの啓蒙思想家たちの考え方は、"何ということもない、あたりまえのことだ"と感じられることでしょう。が、それは当時の社会哲学を根底から覆すほどの画期的な意義をもっていたのでした。

次の第Ⅱ部でもふれますが、G・ヘーゲルは、人間性という普遍的属性を強調してきた近代自然法思想を根本から批判しました。人間の本性 human nature は、**自己の利害関係に最もクリティカルとなる人間が、自己の利益を最大化しようとして人と交わる点にある**のではないか、と彼が考えたのも、ヒュームやスミスから学んだからでした。ヒュームやスミスも「人間の本性」を探究しましたが、それは、人間の社会的相互行為の動機を論ずるためで、ロック的な〔人間の本性→道徳的判断能力→自然権〕という短絡な議論ではありませんでした。

私たちの周辺の人びとや私たち自身をよく見ると、"人は理性に従って生きている"と断言できるでしょうか？　人間は本来道徳的で理性的だ、という人間の見方は、多くの人びとの直観に反することでしょう。ヘーゲルの疑問も、ここを出発点としているようにみえます。

　もっとも、ヘーゲルは、スコットランド的な伝統主義（批判的合理主義）をさらに合理主義によって乗り越えようとしたわけです（本書の第II部がヘーゲルの苦悩にふれます。彼が苦悩を乗り越えることに成功したかどうか、という判定は、本書の関心事ではありません）。

〔C〕　なお、上にふれた「合理主義／伝統主義」、「大陸型啓蒙派／スコットランド型啓蒙派」という区別は、理念型にすぎません。したがって、当然にそれは限界事例を残すばかりでなく、地理的な意味をもつわけでもありません。たとえば、モンテスキューは大陸の人ですがスコットランド啓蒙派に近く、J・ベンサムはイギリスの人であるが大陸啓蒙派に近い、というように、地理的な区分はわかりやすく説明するための便宜にすぎません。

　この点に留意したうえで、近代啓蒙思想の始まりであるホッブズ理論を振り返ることにしましょう。

第 2 章　啓蒙思想の源流——ホッブズ理論

〔1〕　**自然法学の誕生**

〔A〕　16世紀以降の近代政治思想の主題は、《中世的な社会的紐帯から個人をいかに解放するか》、また、《伝統から人間の精神をいかに解放するか》にありました。その解答を与えたのが、17世紀の自然法学と社会契約の理論でした。

その17世紀の自然法学は、それまでの神学的な自然法思想から一皮むけて、法学としての体系をもつに至りました（このことを意識して、本書では「17世紀以降の自然法思想」を「自然法学」と呼ぶことにしています）。その契機となったのがグロチウスの築いた自然法学の体系でした。H・グロチウスの『戦争および平和の法』がなぜ画期的であったかといえば、自己保存という万人の本性を、倫理的行為原則（善か悪かという問）にとどめないで、自然権という法的な要素へと転換したからです。

ホッブズもこれに倣いました[8]。

---

8) R・タック、田中浩＝重森臣広訳『トマス・ホッブズ』48〜50頁（未来社、1995年）がわかりやすく、グロチウスとホッブズとの関係を論じています。また、ホッブズの政治哲学の全体像については、藤原保信『近代政治哲学の形成——ホッブズの政治哲学——』（早稲田大学出版部、1974年）がお薦めの本です。

この二人は、社会の法則ではなく、社会における人間活動の法則を考えようとしたのでしょう。この視点の変化は、哲学が存在論から認識論へと転回してきたことと関係しているのかもしれません（そういえば、人間の認識能力について真剣に考察したこの時代の哲学者は、デカルトを除いて、法や国制について論じました。ホッブズ、ロック、ヒューム、カント、ヘーゲルしかりです）。

　ホッブズは、《**自然状態という客体（外的環境）を前にして、人間という主体は、どのように行動するだろうか？**》と問題設定しました。そして、〔自然状態→自己保存という自然権→それを行使したさいの闘争状態予測→それを抜け出るための契約〕というロジックで、〔自然—人為—平和ルールとしての自然法〕を相互に関連づけたのです。彼の「自然法」は古典的な自然法や神学的自然法とは別物で、演繹過程の最後に来るものとなっております（だからこそ、ホッブズは、「自然権／自然法」の別をしつこいくらい繰り返しました）。

　〔B〕　ホッブズの業績は、次の点で革命的でした。

　第1に、英語で政治哲学を論じたことです。それまでの哲学は、ラテン語かフランス語によっておりましたが、彼は母国語である英語でさまざまな著作を物しました。

　第2は、これまでの神学的な政治哲学に代えて、個人を主体（出発点）とする哲学体系、それも幾何学的な体系をもった「科学」を樹立しようとしたことです。偉大な数学者は論理をまちがうことはない、と彼は自負しながら脱神学の政治理論体系を考えました。この体系によってはじめて個人という主体が実体化されたのです。個の確立を説く「社会科学」の始まりです。ホッブズ以前にも、社会

科学的な視点にたって社会の体系を考えようとした哲学者がおりましたが、それらは家父長を単位として扱っていた点で、ホッブズとは異なっていました。ホッブズ理論は、まさに「近代の始まり」だったのです。

　第3は、個人を主体として位置づけるために、自然（状態）を客体として取り出したことです。これは、人間を取り巻く外界を"自然の法則によって決定された秩序だ"とみなしてきたそれまでの立場を180度転換させる発想です。彼は、自然法則から出発しないで、自然を分析の対象とし、そこにおける人間行動の法則を捉えようとしたのです。これが近代認識哲学の基礎ともなりました。というのは、ホッブズの思考は、人間が主体となって客体（外界）を認識しこれを「像」として捉えるという理論となりえたからです。この点は、今日風にいえば、「社会科学の方法論」の始まりでした。

　第4は、客体としての自然を、人間の合意（協定または信約）という主体の活動のなかに閉じこめる理論を考えたことです。これは、〔主体／客体〕という二項対立的構造が気づかれてきた当時、主体と客体とを統合する画期的な理論でした（ヘーゲルであれば、これを弁証法だというでしょう）。

　第5は、個人の自然的な自由を維持しようとすれば、国家（コモンウエルス）という別の人格が必要となる、と個人から国家への集結を論じながらも、「個人 対 国家」の対立構造を同時に描き出したことです。これも、〔主体／客体〕の視点と同じように、〔個人／国家〕の裂け目を統合しようとしたものでした。換言すれば、"自由から発して国家権力に至る"道筋を説いてみせたわけです（科学として彼はこう説いてみせたのですが、"好みの問題として自分は君主制

に期待する"といっております)。

上のようなホッブズのユニークな視点を頭に入れたうえで彼の著作を読めば、彼が何を考えていたかはおおよそわかってきます。

〔2〕『リヴァイアサン』のねらい

科学的であろうとするホッブズは、その有名な書『リヴァイアサン』において、まず、人間の nature（自然）を事実として客観的に捉えようとします。そして、人間の自然的性向、すなわち人間の本性のなかに、三つの主要な争いの原因がある、と冷静に観察しました。「第一は競争、第二は不信、第三は誇り(グローリ)である」というのです[9]。要するに、《**人間は自己の利得・安全・虚栄を追及する本来的性向を持っている**》というわけです。

ホッブズによれば、自己保存を最優先する人間は、その利己心・虚栄心を復讐心に、その復讐心を闘いへと向かわせていくだろうと合理的に予期する計算能力（理性）をもつ存在なのです（よく言われるように、"人間は本来的に攻撃的だ"というわけではなく、"人間は自己保存のために必要な計算をするだけだ"とホッブズは考えておりました）。

『リヴァイアサン』の一節は、こうなっております。

> 「人びとが、かれらすべてを威圧しておく共通の権力なしに、生活をしているときには、かれらは戦争状態とよばれる状態があり、そういう戦争は、各人の各人に対する戦争である」[10a]。

---

9) T・ホッブズ、水田洋訳『リヴァイアサン (一)』210頁（岩波文庫、1954年）。
10a) 同訳書210頁。

「そこ〔自然状態〕には所有Propertyも支配Dominionもなく、私のものとあなたのものとの区別もなくて、各人が獲得しうるものだけが、しかも彼がそれを保持しうるかぎりかれのものなのである。……ただし、それは、そこから脱却する可能性をともなっていて、その可能性の一部は諸情念、一部はかれの理性にある。……人びとを平和に向かわせる諸情念は、死への恐怖であり、快適な生活に必要なものごとに対する意欲であり、それらをかれらの勤労によって獲得する希望である。そして理性は、つごうのよい平和の諸条項を示唆し、人びとはそれによって、協定へとみちびかれうる」[10]。

自己中心的な人間は希少な資源をめぐる戦争（闘争）状態を予測したとき、彼の情念と理性の力を通して、万人の万人に対する闘争

---

10) 同訳書214頁、〔 〕内は阪本。本文に引用したリヴァイアサンの一節よりも、『法学要綱』での次のパッセージのほうがホッブズの真意をクリアに表しているように思われます。
「自然状態においては、各人それぞれが、自分の裁判官である。そこでは、事物を指示する名辞や形容詞が各人各様で、ここから人びとのあいだに数々の争いが生じ、平和が破壊されてしまう。だからこそ、論争の的となるようなことがらのすべてにわたって共通の基準が必要になる。……ところで、『正しい理性』こそが、これらの論争を裁定する共通の基準だという人びとがいる。もしも自然の事物のなかに正しい理性なるものがあることがはっきりしているのであれば、わたくしもこのような主張をする人びとに同意するのに吝かではない。けれども、争いに決着をつけるために正しい理性なるものをもちだす人びとは、自分の理性を正しい理性とよんでいるのがふつうである。正しい理性とよばれるものなど、じつは存在しない。だから、だれかの理性、一定の人びとの理性が正しい理性の代役を果たさなければならない。そして、主権を有する人ないし人びとの理性こそが、その適役であることははっきりしている。」
この部分は、タック・前掲注（8）111～112頁によっています。

となりうる自然状態を抜け出る、というわけです。自己保存のために万人が平和のルールへと向かわざるをえないわけです。そのために各人は自己保存という自然権を放棄することに合意することになりますが、この行為をホッブズは Pact（協定）とか Covenant（信約）と称して、Contract（契約）とは区別しています。契約は権利の相互的な譲渡を指すのに対して、信約とは責務をすでに履行した当事者の一方が他方の当事者による将来の履行を信頼してなす法的行為だからです。この点にホッブズ自身十分に留意したうえで、国家生成のための行為を Union（連合）と称しています。ということは、この法的行為を「社会契約」と呼ぶことは不正確で、今日の法的用語でいえば「合同行為」とでもいうべきところでしょうか。国家を生成するにあたっての法的な行為を「社会契約」という用語によって説明することは、明らかに不適切といわざるをえませんが、この不適切さからと新奇さが事態を曖昧にしてかえって人びとを納得させたのでした。もともと「社会契約」という考え方は、ギリシャ・ローマの時代のみならず、ルネサンスの文献にも知られないものでした。

　ホッブズのいう信約は、共通の権力という共通の便益へとむかわせ、「かれらのすべての権力とつよさとを、一人の人間に与え、または、……すべての意志をひとつの意志とすることができるような、人びとのひとつの合議体に与える」もので、同意や和合以上のものだ、とホッブズは言っております[11]。要するに、この信約を通して人びとは、自己保存のために、契約の当事者でない、自分たち

---

11) ホッブズ・前掲注（9）訳書『リヴァイアサン（二）』32～33頁。

よりも上位に位置する代表者にむけて、無制約な自然権を放棄するのです[12]。各人の計算・評価はバラバラですから、これに任せておっては客観的で公正なルールとはなりません。ホッブズにとっては、為政者の意思だけが、人びとの適正な行為規範を産み出すのです。公共善の実現を口にすることは簡単です。公共善なる言葉は人を欺きやすいこと、政治における決定的要素は誰が公共善を解釈し実施するかにあること、これらのことにホッブズは自覚的でした。

　正義、仁愛、愛、徳といった要素は、人びとの生活の安全性や国家の統一性を確保するにあたっては心許ない統制力しかもちません。「真理ではなく、権威が法を作る」「神ではなく、権力が国家となる」とみるホッブズは、"アナーキーか、しならずんばひとつの人格となるコモンウエルスを！"と選択を迫ったのでした。"ひとつの人格"という彼の発想は、まるで国家法人説を先取りするかのようです。国家の権力は、群衆でもなく、多数人でもなく（ましてや、少数者でもなく）、**ひとりの人間によって代表され行使され**なければなりません。そうでないかぎり、公的人格と私的人格とが分裂してしまって、戦争状態が呼び覚まされてしまうことになるでしょうから。

　こうして彼は、これまでの"無慈悲な統治者を容認するマキアヴェリ的思考"のみならず、王権神授説をも排除しようとしたのでし

---

12) イギリスの風変わりな哲学者M・オークショットが指摘するように、ホッブズの社会契約は、自然権の放棄ではなく、自然権の無制約性の放棄ですし、各人が権利を行使するさいの条件の決定権限をつくりだす信約でもあります。この点については、岡部悟郎訳「M・オークショット『リヴァイアサン』序論（一）〜（三）」鹿児島大学法学部論集22巻4号（1987年）、23巻1＝2合併号（1987年）、24巻1号（1988年）を参照してください。

た。聖職者嫌いのホッブズならではの理論です。

　ホッブズの理論は、それまで伝統的だったプラトン的・キリスト教的人間像から、ありのままの人間のもつ自然の欲求・情念（ビヒモス）を、人工的人格であるリヴァイアサンの力（聖と俗双方の支配権）で解放しようとしたのです[13]。そればかりでなく、彼の理論は、それまでの歴史にみられてきた「自然的自由」に関するふたつの潮流、すなわち、人間の自由意思に依拠する主意主義学派と人間の意思を超越するルールに依拠する自然法学派とを統一化しようとしたものでした。もちろんホッブズのいう「自然法」は、私たちのイメージしているそれとは全く違っています。先にもふれたように、ホッブズにおいては、自然法のなかに自然権が含まれているのではなく、各人の自然権を遵守しようとすれば、各人は、おのずから（naturally）ある法則（law）を発見するだろうというわけで、**自然法は自然権の結果として位置づけられています**。私たちは、自然法－自然権の関係を自同的なものとみがちですが、ホッブズ理論においては、そうなっていない点に留意しなければなりません。

〔3〕　ホッブズ理論の革命的性質

　ホッブズの体系は、人びとが有する自由を一度だけ行使して、無制約な自然権を放棄する信約を通して創出された絶対権力とそれが定めるルールに同意する、という一段階理論でした（この一段階理論は、後世の批判に遭遇することになります）。一見するところ、彼の「社会契約論」は、第二段階目の国家権力を統制する契約（憲法契

---

13)　中金聡『オークショットの政治哲学』78頁（早稲田大学出版部、1995年）を参照してください。

約)を欠いておりますので、《絶対的権力者の主観的意思が法を作る》という絶対主義擁護の理論であるかのようにみえます。

しかしながら、ホッブズ理論は、①政治的意味としての法と、合理的意味としての法とを意識的に区別したうえで、前者について「国家の外に法はありえない」、「主権者のみが自然法を市民社会における人工的法にできる」と、あえて強調した理論でありますし[14]、②《政治体は、個々人の理性を通して人為的に構築されるものだ》という主意主義的理論を通して脱神学を試みました。これは神学的な国家理論から抜け出る先取的・革命的なねらいをもっておりました。彼は、はじめて、**ローマ・カトリック教会から独立して世俗的主権が樹立されることと、人びとの安全がその世俗的権力を通して確保されること**を論拠立てたのでした。自然状態の恐怖・戦慄から出発した「世俗的」政治理論の確立です。

ホッブズ理論は、このように「自然／人為」という二分法を用いて、人為による国家の成立という革命的な理論体系をはじめてうち立てたのでした。だからこそ、後のすべての社会契約論者は、その緻密な演繹過程と、その出発点を踏襲しながらも、他方で、彼の結論に挑戦してきたのです[15]。

---

14) F・ノイマン、内山秀夫＝三辺博之ほか訳『民主主義と権威主義国家』42頁（河出書房新社、1971年）を参照してください。

15) ホッブズ『リヴァイアサン』の解釈としては、①原子論的だというもの、②絶対主義の聖典だというもの、③自由主義の萌芽であるとするもの等、論者によって多様であります。D・ラファエル「ホッブズ」ペレチンスキー＝グレイ編『自由論の系譜』37頁（行人社、1987年）を参照してみてください。

ホッブズ理論は、原子論的ではないと私は診断しております。彼の理論は、他者から分離し個別的である個人が、他者との間で生存し活動するとき、他の個別的個人と衝突せざるをえない、という実践的世界において、相互の調整はどうあ

ホッブズのすごさはそれだけではありません。

自己保存という自然権を相互調整するために「社会契約」を人びとが締結したところに、他人から妨害されることなく自己の生命・自由・労働成果を享受可能にする「制度としての権利」が人為的にできあがる、とホッブズは議論を続けました。

このロジックも革命的な意味をもっておりました。いかなる点が革命的かといいますと、従来の自然法思想とは違って、(a)権利の範囲が労働の成果にまで拡張されており、それが"正義としての所有権"を論拠づけるとされたこと、(b)"所有権"は人間の本性に論拠づけられるのではなく、国家樹立の場合と同様に、相互の同意、すなわち、人為によって論拠づけられることを説いたからです。

〔4〕 ホッブズ理論の特徴

本書の関心事にとってホッブズ理論の重要ポイントをまとめてみると、次のようになります。

　(ア) 正義を問うことは、社会構成員を結合させる一般的な倫理的命題を探り出すことではなく、私的な利害に執着する個人を統治するための合理的根拠を探ることでなければならない。
　(イ) 政治的権力は、神の恩寵によって創られるのではなく、また、人間の自然的性向によって創られるのでもなく、人為

　　るべきかを論じたものだ、と私は理解しています。
　　J・ポーコック、福田有広訳「『保守的啓蒙』の視点」思想1989年8月号70頁が指摘するように、ホッブズの「保守的」考えは当時の聖職者の一部に歓迎されたからこそ、アメリカ革命もフランス革命も英国では発生しなかった、ともいえるでしょう。

(合理的な計算) によって作られる。

(ウ) 自然状態は、政治の存在しない、カオスの状態であり、アナキーの状態である。国家は、人為的リヴァイアサンであり、この力によってカオス状態に終止符をうつ。

(エ) 政治体とは、共通の権力によってひとつの人格へと結合された人びとの集まり、と定義できる。主権的権力は、分割されてはならなず、一者に属さなければならない。

(オ) 政治体における言語は、道徳の言葉のように主観性を許すものであってはならない。主権的権力を一者に属さしめるのは、このためである。

かようなホッブズ理論をどう評価するかは、彼の「自然状態」、さらには、そこにおける人間の本性の捉え方に読者が共鳴するかどうかにかかっています。

「(自然状態における)人間の生活は孤独でまずしく、つらく残忍でみじかい」と述べるホッブズの人間観は、実に陰鬱なために一般受けしませんが、嫡流憲法学が描いて見せてきたアリストテレス風の「論理学的な人間の定義」や、それをI・カントの道徳哲学で肉付けした人間像よりも私にとってはずっと魅力的です。ホッブズは政治理論が道徳的または宗教的になることを意図的に避けています。道徳や宗教に訴えかける政治理論は、政治権力のもつ強制力の発動対象を人間の公然の外面的行動に限定することを忘れがちとなるからです。政治学において問われるべきは、**人間が本来的に道徳的に善か悪かではなく、他の人間にとって「危険な存在か否か」問われなければならない**、とホッブズは考えました。この道徳性に欠

けた視点は、一見、冷たすぎて人びとの共感を喚びませんが、これこそ、近代の始まりであり、社会科学の始まりとしてわれわれは高く評価すべきでしょう。

自然状態から抜け出るための、次のようなホッブズ構想となると、私は、舌を巻いてしまいます。

(a)各人は、自分の目的を達するために自分の理性を自由に用いることができる。
(b)理性の何たるかは、各自の主観的判断の問題である。
(c)何人も自らの裁判官となりうるこの主観性が政治体を揺るがす。というのも、自由が極限(極大)化されているからだ。
(d)人びとの信約(「社会契約」)は、この主観性を最高権威者の主観に置き換え、私的な理性を公的な理性とすることに同意する法的行為である。
(e)主権者の権威は、公的で明確な言語を用いて、人びとを強制しうる。
(f)主権者は、権利や義務の定義を公的な言葉として、「私のもの／あなたのもの」を区別して、争いをなくす強制力を有する。この権威は、私有財産を保障する。
(g)かくあれば、人びとは野生の掟(natural law)に代わる、Civil Sate(文明状態、法治国家)における自然法(natural law)のもとで、人びとは安全に生活できる。

個々人の自由から出発して自然法のもとでの統治に帰結させる上の論理、見事というほかありません。後にみますように、J・ロッ

クやJ・ルソーが「自由」概念を操作することによって、統治権力は自由と両立しうると説いたことと比べると、ホッブズ理論がいかに一貫したものであるかよく理解できます（ロックの自由論については、後の44頁以下を、ルソーのそれについては61頁以下を、それぞれ参照ください）。ホッブズにとって自由とは、一貫して、外的強制のないことを指しました。

ホッブズは、「信約は剣なしには言葉たるにすぎず、人を保全する強さをもたない」といい、また、「財産権もコモンウエルス（政治権力）なくしては存在しない」ともいいます。個人の自由保障にとって外から来る強制（主権者の権威）は、必要不可欠であり、かつまた、正当・正統である、というわけです。

彼のいう主権的な権力の背景にある契機は、人間の利害でした。**利害は私的で主観的であり、しかも、競合的でかつ排他的あって、公的には代表されない**ことを彼は見抜いていました。善／悪についても同様であって、善を人びとが共有できないからこそ権力は成立し行使されるのだ、と彼はいいます。主権者は、人びとの善の観念や利害を代表することはなく、これらの調整を個々人に委ねます。主権者の権力が発動されるのは、個人の利益が他者の行為によって侵害されたときだけだ、というわけです。なんとクリスピィな理論でしょう。本書が次第にふれていく「政治的領域／私的領域」二分論を、ホッブズは予言していたかのようです。それもそのはずです。ホッブズのねらいは、神学からはもちろん、「徳」というギリシャ・ローマ時代の道徳的な規範から解放された、世俗的な統治理論（私的所有権を保護するための主権理論）を完成させることにあったのですから。とはいえ、彼も時代の子、自然法の論拠にふれるに

あたって、聖書の言葉をときに引用せざるをえませんでした。

　後世は、こうした政治理論に対して、①権力の正当性の源を受動的に服従する臣民に求めている点を衝き、さらに、②理性という人間の能力の捉え方が合理的でなく、しかも、③自由の捉え方があまりに防御的だ等々の批判を寄せました。①および③の批判がJ・ルソーに、②の批判がJ・ロックに、集約的に現れてきます。この批判を要約すれば、"国民がバラバラでは、私的な利益の寄せ集めにすぎないはずだ。国民が法律制定に自発的に等しく参加とき、一体的な公共的存在となると同時に自由になるはずだ。""ホッブズ理論に欠けていた、そうなるための条件が求められねばならぬ"となるでしょう。真の共和国、res publica が自由人の共同体、civitas libera となることを渇望する思想家は、この世に絶えたことはありません。

〔5〕　ホッブズ理論への挑戦

　ホッブズ理論に一部依拠しつつも、合理的計算能力という意味ではなく、正しい道徳の選択能力という意味での理性という人間的側面をはっきりと浮かび上がらせることによって独自の「社会契約」論を樹立したのが、J・ロックでした。この違いはあれ、非歴史的な観点から演繹的に国家の樹立を説いたという点では、この二人の17世紀の思想家はともに「合理主義者」でした。

　これに対して18世紀の思想家は、歴史的・経験的なアプローチの仕方をみせてきます。ホッブズ理論を基礎としながらも、ありのままの人間を観察しながら、人間の情念の部分を切り出すことによって反・社会契約論を樹立したのがD・ヒュームでした。さらに、人

間の情念の部分にもう少し倫理適合的な実体を加味しようとしたのがA・スミスです。

ロックについては次の第3章で、ヒュームについては第5章で、そして、A・スミスについては第6章で、それぞれ検討することにします。その第3章と第5章の間の第4章には、J・ルソーを論ずる箇所が入りますが、それはルソーがスコットランド啓蒙派にとって戻ってはならぬ転轍点であることを明らかにするためです（もっとも、正確にいうとすれば、政治哲学上の最大の転轍点はG・ヘーゲルだ、ということになりますが、ヘーゲルについては、次の第II部で別項目としてふれることにします[16]）。

私が注目する人物として、もう一人、Ch・モンテスキューがおりますが、本書では彼にふれることをしません。別の機会に譲りたいと考えます。

---

16) 阪本昌成「立憲主義の歴史とその展開」阪本昌成編『畑博行先生古希記念論文集 立憲主義――過去と未来の間』（有信堂、2000年）においても、私はヘーゲルについて論じました。本書の第II部はこれを展開させたものです。

第3章　啓蒙思想の発展——J・ロック理論

〔1〕 キリスト教徒・ロック

〔A〕 ホッブズによる人為的国家樹立論に最も果敢に挑戦したのが、J・ロック『統治論』でした。

『人間知性論』での哲学者としてのロックは、人間の知性の限界を説いて知性の自己抑制を求めようとした点で、卓抜の知性を示しました。が、『統治論』での政治哲学者としてのロックは、一定の政治的帰結をもたらそうとして目がくらんだのでしょうか、『人間知性論』の神学的部分に依拠しすぎた二流の作家だったと私は思います。ある政治思想研究者もロックの統治論について「明晰で一貫した政治哲学になっていない」[17a]と評しています。にもかかわらず、自然権思想のもつ有利さに後押しされてか、彼は政治哲学者としても、後生に名を残すことになりました。ロックがここまで有名になったのは、"人間の良心は不可侵だ"という論拠をあげながら、宗教的寛容論を説いたためでしょう。その主張は、自由主義を支えたようにみえますが、その実、宗教的共同体に負う個々人の義務を強調するものでした。

---

17 a) 　J・プラムナッツ、藤原保信ほか訳『近代政治思想の再検討Ⅱ　ロック〜ヒューム』126頁（早稲田大学出版部、1975年）。

〔B〕 ロックは、敬虔なキリスト教徒でした。だからこそ、次のような命題を彼は『人間知性論』で公言していたのです。

(α)人びとの行為を道徳的に判定するための規準としての「法」には、神法、市民法、世論（世評の法）の3つがある。このうちの神法は他のふたつの法に先立つ。なぜなら、人間は神の子であり、被造物の行動を指図する慈愛と知恵をもっているのは神だからである[17]。
(β)真の知は、観念の相互関係のなかに成立する。神の観念と、その被造物である人間の観念の相互関係は、直観的に明晰であり、したがって、そこには真の知が成立している。その意味で、神が人間に与えた行為の義務と行為の基礎を人間が道徳的に論証することは可能である[18]。

道徳的に絶対に正しい命題の例としてロックは、「所有権のないところに正義はない」、「およそ統治は絶対の自由を容認しない」のふたつをあげております。"これらが自然法の例であり、その道徳的な正しさは論証できる"といいたいのでしょう。自然状態はこの自然法によって支配されているので、ホッブズ的な闘争状態ではなく、権利・義務の体系が存在している、というわけです。

この論証は『統治論』において展開されます。

---

17) J・ロック、大槻春彦訳『人間知性論(2)』341〜342頁（岩波文庫、1974年）。
18) 同訳書49〜50頁。

〔2〕『統治論』のねらい

〔A〕『統治論』においてロックは、「戦争の状態／自然の状態」の別を強調しながら、こういいます。

> 「自然の状態にはそれを支配する自然の法があり、それはすべての人を拘束している。そして理性こそその法なのだが、理性にちょっとたずねてみさえすれば、すべての人は万人が平等で独立しているのだから、だれも他人の生命、健康、自由、あるいは所有物をそこねるべきではないということがわかるのである。なぜなら人間は皆、唯一万能でかぎりない知恵を備えた造物主の作品だからである。……すべての人は自分自身を保全すべきであり、気ままにその地位を捨ててはならないのだが、それと同じ理由によって、自分自身の保全が脅かされないかぎり、できるだけ他の人びとをも保全すべきである」[19]。

これは、《戦争の状態は、基本的自然法に反する》、《人が他の人びとをも保全すべきだという命題こそ、基本的自然法である》と強調したいのです。この命題を支える人間の本性は神の姿の写しであることに求められております。これは、まさに**《絶対的で永遠なる神と偶然的な個人とは一体である》と、神と人間との関係を捉えるキリスト教教義の反復**でした。その証左に、ロックのいう理性とは、神の命令、すなわち、「神が人間に与した課題の理解・処理能

---

19) ジョン・ロック、加藤節訳『統治二論』192〜193頁（岩波書店、2007）。

力」を指しました。

〔B〕 ロックともあろう人物が、このような神秘的な自然法思想を説いた理由は複数ありますが、なかでも、彼のねらいは、ホッブズの強調した利己心の原理を否定して、非利己的な平等原理から、演繹的に、生命・自由・身体・財産に対する普遍的権利（広義のproperty right）を導き出すことにありました。

それだけではありません。

ロックは、ホッブズが共同体から解放した個人を、さらに徹底して、所有権主体として位置づけることを考えました。それも、利己的な原理に訴えることなく、です。

所有の起源に関するロックの説明（『統治論』第5章「所有権について」）もまた、神と人間との関係を出発点としており、次のようにいわれております。

> 「神は人々に世界を共有物として与えたが、同時に、生活上、それを最も有利に利用するための理性と、さらに便宜をも与えた。……このように自然の状態にある間は、他人を排除してそれらのうちのどれかを私的に支配することは、本来、だれにも許されていない。……しかしすべての人間は、自分自身の身体に対する所有権をもっている。これに対しては、本人以外のだれもどんな権利ももっていない。彼の身体の労働とその手の働きはまさしく彼のものであるといってよい。そこで、自然が準備し、そのままに放置しておいた状態から、彼が取り去るものは何であれ、彼はこれに自分の労働を混合し、またこれに何か自分自身のものをつけ加え、それによっ

てそれを自分の所有物とするのである」[20]。

　上の引用した文章には、少なくとも、次のふたつの主張が含まれています。
　第1は、所有権が人びとの合意によって生ずるわけではなく、**神と人間という natural な関係を起源としている**ということです。所有権は、神が定めた自然法のひとつの内容だ、というわけです。
　第2は、所有物に対する権原は、人間の労働にあるということです。
　こういいながら、ロックは所有権主体としての個人をつくりあげようとしました。法学の厳密な思考からすれば「自分の身体への所有権」という表現は不可解ですが——私たちの身体は所有権の対象（客体）ではありませんから——この言い方のほうがかえって人びとを納得させたようです。ところが所有権のこの曖昧な論拠（労働価値説の原型）は、後世代の自在な主張として乱用されることになりました。この乱用は特に日本の社会科学に顕著です。これと同じ傾向はＡ・スミス理論を労働価値説にひきよせる解釈にも表われました。この点については、106頁を参照ください。

〔3〕　**ロックの「市民社会」論**
　〔Ａ〕　次に、この個人を出発点として彼は、「市民・政治社会」の合理的な成立の所以を合理的に説いたのでした。
　ロックのねらいは、自然状態の不都合から抜け出した人間が自然

20）　同訳書208頁。

権の実現のためだけに civil society、すなわち非自然的政治社会をどのようにして形成するかを説明することにありました。ところが、ロックの理論は、彼の論敵である R・フィルマーに引きずられたためか、ホッブズが脱神学化したはずの統治のあり方を、再び神学に引き寄せてしまったのです。

ロックの解答の道筋をかい摘んでいえば、こうなります。

①自然状態において予想される、絶えざる権利侵害・生命侵害の脅威、侵害行為に対する制裁・補償などの是正措置の非実効性・不確実性を目前にして、個々人は、不安を覚えるだろう。
②そのさい、個々人は、自らの欲求実現を一時停止して、その充足手段の合目的性を熟慮（内観）する能力によって、その不安に対処するだろう。
③その能力によって、個々人が欲望を抑制することこそ、自然法（人間の本性）に従うことである。
④かくすることによって、個々人は、道徳的行為主体となると同時に、自由の領域——放縦の領域ではない、真の自由の領域——に踏み込むことになる[21]。

---

21) J・ロックはイギリス経験論者として位置づけられることが多いようです。ところが、私は、本文において少し批判したように、『人間知性論』のロックとは違って『統治論』（『市民政府論』）でのロックは、神学的理論家であると同時に、積極的自由論者に近い思想家であるとみています。否、『人間知性論』におけるロックも、神学的思考を色濃くしている、というほうが正確でしょう。なにしろ、彼のいう「理性」とは、神が人間に知らせ賜う自然的啓示のことですから。古賀勝次郎・前掲注（3）32頁を参照してみてください。
　また、D・ウィンチ、永井義男＝近藤加代子訳『アダム・スミスの政治学』（ミ

第3章　啓蒙思想の発展——J・ロック理論　*41*

　nomos という慣行（人為）によって統治を正当化することでは満足できなかったロックは、以上のように、ホッブズの「自然／人為」という二分法に新しい意味を吹き込みながら、人為による統治権力の樹立と、その統治権力による自然権の保全とについて彼特有の理論を展開しました。「人為による統治権力の樹立」というときの人為は、"あるべき人間による original compact"のことでした。ロックが compact という言葉によって何を指そうとしたのか厳密に分析されないまま、彼の理論は「社会契約」と称されてきました。これは、あるべき人間の約束事ですから、剣なくとも守られるべきものでした。この「社会契約」論によって、ロックは政治社会における合理的道徳理論を確立しようとしたのでした。

　ロックを評して、ときに"ブルジョア・ヘドニズムの提唱者だ"とする向きもありますが、この評は適切ではありません（この評にいう"ブルジョア・ヘドニズム"とは、有産階級のための幸福＝享楽追求主義を指します）。**彼は、あくまで公民の徳（civic virtue）を説く、**

　　ネルヴァ書房、1989年）が各所で指摘するように、ロックの評価には歴史上さまざまな贅肉がついてしまって、後世、有名になりすぎたようです。このことに留意すれば、ロックの政治哲学は非合理的存在としての人間像や、情念を動機として行動する人間像を想定する思想とは違う系譜に属する、と理解するのが正当でしょう。そのことを表すかのように、ロックは、前掲注（16）の『人間知性論』180頁において、自由とは行為者の内にある思惟に従って行為したりしなかったりする力能をいう、とみました。それは、I・バーリンが警戒した「積極的自由論」の一変形なのです。J・タリー「ロック」前掲注（15）『自由論の系譜』95頁は、そう評価しています。

　　ロックの『統治論』は、F・ハイエク、田中真晴＝田中秀夫訳『市場・知識・自由』209頁（ミネルヴァ書房、1986年）がいうように、「一八世紀の思想家たちの特徴となったものと比較して、なおいっそう制度の合理主義的解釈を行っている」のです。また、中金聡・前掲注（13）『オークショットの政治哲学』75頁も参照してみてください。

道徳の人でした[22]。ここで私が「公民」という用語によったのは、ギリシャのポリスにおける公民 politēs と重ね合わせるためです。ギリシャにおける公民とは、公職に就任するにふさわしい資質を有する者を指したといいます。公事に生きる人（自由人、すなわち、煩雑な労働から解放されて、自由時間をもって、政治を語る人）というイメージです。人は公民として行動してはじめて完成された自己となる、というわけです。ロックのいう civil を、このイメージで捉えることが適切でしょう。ですから、ロックが property right というとき、それは所有的個人主義の支持を表明すること——政治学者C・マックファーソンによるマルクス主義的なロック理解がそれですが[23]——ではなく、《人の独自性と自立性とを保障したうえで、公共のために働く有徳の人となるための能力》のことでした。なにしろ、人は神の眼差のもとで生きているわけですから。このことは、所有権の起源に関する彼の次の叙述をもう一度振り返ったとき、はっきりとわかります。

> 「神は人間に労働するように命じ、また人間も必要に迫られて労働せざるをえなかった。労働は彼の所有物であり、彼がひとたびどこかにそれを固定してしまえば、それがどこであろうと、彼からそれを奪うことはできなくなった。こうして

---

22) 古典的共和主義者としてロックを見直すことは、今日の有力な流れとなっているようです。佐々木武「『英国革命』一七七六年」阿部斉＝有賀弘＝本間長世＝五十嵐武士編『アメリカ独立革命　伝統の形成』187頁（東京大学出版会、1982年）参照。

23) 参照、C・マックファーソン、藤野渉＝将積茂＝瀬沼長一郎訳『所有的個人主義の政治理論』（合同出版、1980年）。

土地の開墾、または耕作と、支配権の獲得とがひとつに結びつけられるのがわかる。前者が後者への権利を与えたのである」[24]。

　万人の利用のために神の提供したものは、みずからの労働を混ぜあわせたとき、所有権が成立するわけですが、この所有権も各人の生活の便宜に利用権という範囲は限定されており、"隣人の分け前を侵すなかれ"という自然法上の権限が加えられています。
　〔B〕　ロック理論によれば、「政治社会」も、歴史から独立している人間の本性そのままの現れなのです。つまり、「政治社会」は、一切の共同体から切断された個人が、みずからの自由な意思によって、同じく自由意思主体である他者と相互行為に出ようとするとき、連鎖体系として成立します。この個人相互の社会関係は、道徳的でもあり、経済的でもあり、政治的でもあります。だからこそ、ロック理論においては、「市民社会」と「政治社会」とが区別される必要はありませんでした[25]。彼は、《自然状態から脱した政治社

---

24)　ロック・前掲注（19）訳書213頁。
25)　そのことを表すかのように、ロックの『統治論』第7章は、「政治社会、すなわち市民社会について」と題されております。こうした見方は、当時の法律家・政治学者に共通しており、civil society は同一国民、同一国家に属する人びとによって形成される政治的関係のことである、と理解されていました。ラファエル「ホッブズ」前掲注（15）『自由論の系譜』38頁がいうように、「古典的政治哲学者の大多数——まさしくヘーゲルに先行する哲学者たち——は、市民的なるものと政治的なるものとの間に、いかなる区別も引かなかった。かれらは、一体そうする必要があっただろうか。前者はラテン語であり、後者はギリシャ語である。それだけのことである」。また、ロザンヴァロン・前掲注（6）訳書『ユートピア的資本主義』85頁も参照するといいでしょう。
　　こうした理解が一般的だと私は考えておりますが、田中正司『市民社会論の原

会は、ホッブズの描いたような自然状態ではない》と強調したかったがために、今日私たちがいう**「国家／市民社会」**という別よりも、**「政治社会／ホッブズ的自然状態」**の別を前面に出したかったのでしょう。ということは、ロックのいう civil society は「市民社会」と訳すよりも、「文明開花した社会」または「公民からなる社会」と訳すほうが彼の真意をうまく伝えるに違いありません（このように、civil society が何を指しているか、どう訳出されるべきかは、それと対照しようとされているタームによって違ってくる、と私はみております）。

〔公民からなる社会＝政治社会〕が、個々人の相互作用をコンフリクトなく実現するための連鎖体系だと扱われている以上、そこにおける人間の自由は、放縦であるはずはありません。人びとが行いうることには限界があり、その限界は自然法によって与えられている、というわけです。このことは、ロックが何度も繰り返している点です。ロックの自然権論は、人であれば普遍的に享受する権利を説いているようでありながら、その実、"理性的な人間であれば、かく行動するはずだ"という能力の限定と行為の限界とをあらかじめ組み込んでいます。

〔4〕 **ロックの自由論**

ロックは、《人間の自由は放縦ではない》ことを論ずるにあたって、さらに別の仕掛けを用意しました。

それは、"自然状態から政治社会へ移行後の自由は、もはや自然

型　ジョン・ロック論考』80頁（御茶の水書房、1991年）は、ロックが国家と区別された社会を考えていたと異論を唱えています。

的自由と同じではない"という論じ方です。「自然の自由／社会における自由／統治のもとにある人間の自由」という区別がそれです[26]。

ところが、このように自由を区別することは、《property right は、人間が社会化・道徳化されなくとも、生まれながらにもっている》、《個々人は、自然状態における自然権を放棄してはいない》とか《市民社会＝政治社会は、個々人の相互作用をコンフリクトなく実現するための連鎖体系である》という命題と、はたして矛盾しないものでしょうか？

矛盾しないことを論証するために、ロックは、"「統治のもとにある人間の自由」が「自然の自由」と変わらない"と、まるでルソーの引き写しではないかと思わせるほど、次のようにいっております。

> 「統治のもとにおける人間の自由とは、その社会におけるすべての人間に共通で、そこにおいて樹立された立法権力が制定した恒常的な規則に従って生きることであり、その規則が何も定めていない場合には、あらゆることがらにおいて自分自身の意志に従〔う……〕自由のことである。それは、生来的な自由が、自然法以外のいかなる拘束の下にも立たないのと同じである」[27]。

この論証の正否は、「自然の自由／社会における自由／統治のも

---

[26] 参照、ロック・前掲注（19）訳書206頁参照。
[27] 同訳書208頁。

とにある人間の自由」という三つの中間にある「社会における自由」が両端にあるふたつの自由をうまく媒介しているかどうかにかかっている、と考えることもできましょう。

では、「社会における自由」は、どのようなものだったのでしょうか？

> 「社会における人間の自由とは、同意によって政治的共同体のなかに樹立された立法権以外のいかなる立法権力の下にも立たないことであり、、また、立法部が自らに与えられた信託に従って制定するもの以外のいかなる意志の支配、いかなる法の拘束にも服さないことである」[28]。

このパッセージは、どうもはっきりしません。「社会における自由」の説明と、「統治のもとでの自由」のそれ（前頁引用部分）との違いが、どうもくっきりとは刻み込まれていない、という印象をもたざるをえません。

ロックは、前者の「社会における自由」によって立法権の実体的側面を、後者の「統治のもとでの自由」によってその形式的側面を述べようとしたのかもしれません。そして、立法の形式的側面を論ずることによって、「統治のもとでの自由」が国家権力（実体的立法権限）を支えると同時に、同権限を制限する、という理論をうち立てようとしたのかもしれません。

なるほど、ロックは立法の普遍的で抽象的な属性（形式的側面）

---

28) 同訳書同頁。

第3章　啓蒙思想の発展――J・ロック理論　　*47*

を強調しております。彼にとって、立法権が裁判のごとき属性をもつことは、社会契約によって樹立した国家と矛盾することでした。なぜなら、社会契約のもとにある人びとは、共同の生活にとっての善と悪について共通の判断を形成することに合意しているのであり、立法とはこの共通の判断の別名だからです。

　ところが、不思議なことにロックは議会について格別論じませんでした。その理由は定かではありませんが、ロック理論には、"コモンウェルスにおける議会は共和政体における徳を必ずや代表するだろう"という神話めいた確信があったためでしょう（そのことは、すぐ次にふれるルソーにおいても同様でした）。これでは「放縦ではありえない自由」を明晰に解明してみせた、とは到底いえません。

　その後の18世紀の社会科学（政治哲学）、なかでも、18世紀のスコットランド啓蒙派がうち崩そうとしたのが、ロック的な立法者神話でした。

〔5〕　ロック理論の特徴と欠陥

　ロックの時代、国家は今までにないほど強力で巨大になっていました。彼の政治理論は、「責任ある統治」を説こうとしたもので、その特徴と弱点をまとめれば、次のようになるでしょう。

　　(a)統治という作用は人びとのニーズから設立されるのではなく、同意によって作られるのだ、と同意という要素が強調されている。これは、彼の主眼が暴君討伐の理論を展開することに置かれたためである。
　　(b)このため、詳細な統治機構論はなく、選挙制度、選挙権につ

いても論じられておらず、政体論に欠ける。ということは、ロックは人民主権論や特定の統治構造に関する理論を展開してはいないのである。これでは「専制的統治／正当な統治」の別は説けたとしても、「責任ある統治／責任なき統治」の別を識別できず、ロックの当初のもくろみは達成できない。

(c)統治作用の発生因について、同意を強調しすぎている。その同意は、「任意／信託／明示の同意／黙示の合意」と自在に言い換えられている。ある論者は、「結局は服従をして同意を意味せしめている」と辛辣である[28a]。

(d)聖書の解釈論争に足をつっこんでいるため、理論が神学的となっており、経験的な分析でなくなっている。神の写しとしての人間は理性的な存在である、という命題から、理性の力を通しての法の発見、そして権利義務の体系へと理論展開されているが、これは、存在から当為へ、と進む表層的な説明である。

　本章の冒頭で私は、ロック理論につき「明晰で一貫した政治哲学になっていない」という評を紹介しました。彼のいう自然状態とそこでの人間像は、"人間は社会化されなくとも、本来的に道徳的理性的である"というものでした。ところが、彼の自由の捉え方となると、人間が社会化されることによって放縦ではなくあるべき自由を習得する、と言い始めます。自然権のなかに含まれていたはずの自由と、政治的共同体樹立後の自由とのロックの捉え方には、どうも一貫性がないと私は診断しています。

---

28 a) 参照、プラムナッツ、前掲注（17a）119頁。もっとも、このことはすでにヒュームが指摘していたことだったのですが。

〔6〕 ロック理論の影響

　政治哲学としてのロック理論の不十分さは、現在のわれわれの目からは明らかのようです。彼のいう「自然権」はキリスト教を信じている社会だけにしか通用力をもたないでしょうし、「自然的自由／社会的自由／統治のもとの自由」という区別も、どうもすっきりしておりません。すっきりしないのは、市民社会、政治社会そしてコモンウエルスが、あたかも同心円上に位置するかのように取り扱われているためだ、と私はみています。

　政治社会の出発点においては明確な輪郭をもっていたロック理論は、政治社会における統治の構造、市民の自由、自由の限界等を曖昧なまま放置しました。そのためもあって、ロック理論は、大陸の思想家たちによってさまざまに色づけされ、次第に大陸の合理主義哲学のなかに吸収されていきました。それは、当時の経済発展に伴った、奢侈、浪費、貧富の差を反倫理的なものとして押さえ込む哲学として体系化されていったのです。**公共の利益を私的利害関心に優越させようとした点でロックの理論は、J・ルソーまで、あと一歩だった**のです。そのことを表わすかのようにロックは「この合意〔いわゆる社会契約〕は、どれだけの人数の人間によってもなされることが許されるであろう。彼らは、それによって、自然状態の自由にとどまる他の人間の自由を侵害することはないからである」と述べています[28b]（ルソーは、すぐ次にふれますように、"経済の発展する国家では、人びとが奢侈に走り、道徳的に堕落するだろう"とおそれた道徳の人でした。ルソーの理想とする国家は、人びとが農業に従事し

---

28 b)　ロック、前掲注（19）訳書266頁、〔 〕内阪本。

ながら、貧困な生活に甘んじる小さな国家でした)。

　フランスにおいて、フランス革命は近代に批判的だったルソー理論を援用することによって近代を成就させました。封建的土地所有、貴族の腐敗、重商主義政策、そしてなによりも日常の食糧不足といった難点をかかえこむ絶対王政を一挙に清算するには、ルソー的な revolution の理論が必要でした。ところが、それを成就させた後のフランスでは、ルソー理論は影響力を失っていきます。彼の理論を継承したのは、前近代の刻印を残していたドイツでした[29]。そのドイツは、また、特有の味付けをルソー理論に施し、ゲルマン的な壮大なゴシック風の政治哲学を展開させていきました。

　これに対して、英国においてロックやルソーの影響は微少でした。英国においては、貴族・僧侶等の「アンシャン・レジーム」は、《革命勢力こそ封建時代と同様の無秩序をもたらす熱狂の勢力だ》と警戒的でした。そして、自分たちこそ安定的で啓蒙的存在だ、と考えていたからです。フランスでのジャコバン・クラブのごとき革命的な思想と行動は、イングランドでは特に警戒の的とされたわけです。マグナ・カルタや権利章典といった統治契約が存在してきた以上、あえて革命のための「社会契約」説にコミットする必要なく、evolution こそ自由のための秘訣だ、というわけです。

　にもかかわらず、後世の研究者にとって、ロックの存在は大でし

───────────
29)　南原一博『政治哲学の変換──ヘーゲルと西洋近代』55頁（未来社、1988年）には、「フランスにおいては革命が近代を批判したルソーを援用することによって近代を成就するという思想史的イロニーを生みだ」したのに対して、「ルソーの課題を継承したのは前近代の刻印を受けたドイツだったのである」という表現があります（傍点は、原文のまま）。この言い回しに舌を巻いた私は、本文にはこれを真似た表現を用いました。

た。「ロック神話」が成立してきたわけです。"アメリカ独立宣言はロック理論を基礎にしている"とこれまでいわれてきましたが、この理解にもゆらぎが出てきています。独立宣言は、ロック理論を急進主義的に再構成したT・ペインやT・ジェファソン等による作品でした（この点は、199頁以下で再論しています）。

第4章　啓蒙思想の転回点——J・ルソー理論

〔1〕 ルソーの課題

〔A〕 ロック理論はルソーに影響を与えました。ルソーはロック理論を受けて、次章の主人公ヒュームに反論しようと論争を挑みました。その論争の結果、ルソーは深く敗北感を味わったと私はみております。といいますのも、彼は、《自己の利害を最も重視することが人間の本来的な性質だ》とみる点ではヒュームと同じ出発点に立っておりましたが、それを人為的にうち消していこうとする自分自身の論理に最後まで自信を持てなかったからです。

ルソーは、ヒュームのように、個々人の自由な営為が徐々に安定的な、それも誰も意図しなかった秩序を作りあげる、と考えることに満足できませんでした（ヒュームはこの秩序をconvention〔習律〕と呼び、F・ハイエクはspontaneous order〔自主的秩序〕と称はしたが、正確なニュアンスを伝えるには"システム"と表現すべきでしょう）。ルソーは、人びとの活動を自由に放置すれば個々人は私利私欲に毒され、奢侈に耽り、道徳など忘れ去るに違いないとおそれました。

そうならないようにと、ルソーは、個々人の選好と万人の選好とを一致させるためのノウハウを考えました。今の私たちの知ってい

第4章　啓蒙思想の転回点——J・ルソー理論　53

るお馴染みの言葉を使用してこの目論見を表すとすれば、《**市民社会と国家とが一致する国制を樹立すること**》、《**個々人の選択と公共的選択とを一致させる国制を作りあげること**》が彼の課題だったのです。E・デュルケームによる絶妙な解説を借用すれば、「・自・然・状・態の基本的法則に侵害を加えることなく……社・会・状・態の一形態を見出」[30]そうとしたのでした。

〔B〕　彼のたどり着いた結論は、"個々人の意思が一般意思となり、諸個人が一般意思のもとで生活することこそ、真の自由なのだ"ということでした（哲学においては「イシ」は、「意志」と表記されるとき、理性のなかにある欲求を指し、「意思」と表記されるときには、現実の選択能力という、と区別されます。法律でいう「イシ」は哲学でいう後者に近いからでしょうか、「意思」と表現します。ルソーのいう「イシ」は「意志」イシージですが、本書においては、「一般イシ」を、法学の慣行に従って、原則として「意思」と表記します）。

彼がこの結論に行き着く思考の筋も、ホッブズ以来の「自然／人為」という二分法に依拠しておりました。もっとも、彼が「自然」というときには、すぐ後にふれますように、彼特有の独特のニュアンスをもたせ、「人為」という場合でも、その主体である人間に特有の属性をもたせております。なんとなく、理論全体に宗教がかった神秘性を帯びさせています。

奇怪な理論でありながら、・体・系・性・をもって成立しているかのよ・うに思わせるのも、ルソーが「自然状態」に彼特有の仕掛けをもたせたからでした。

---

[30]　E・デュルケーム、小関藤一郎＝川喜多喬訳『モンテスキューとルソー』78頁（法政大学出版局、1975年）参照。なお、頭点は原文のまま。

彼のいう「自然状態」は、ホッブズのものともロックのものとも違っております。それもそのはず、ルソーはホッブズ理論を全面的に拒絶しようとしていたのですから。

ルソーのいう「自然状態」は、歴史の一段階といった事実の状態ではなく、まったく仮説に属します（そのことを彼は『人間不平等起源論』で口を酸っぱくして強調しております）。デュルケームのひそみに倣っていえば、自然状態とは「歴史の領域にではなく、心理学の領域に属する」[31]状態なのです。「自然状態」が何であるかを知るには、"森に還る必要はない"とルソーは言っております。

自然状態における個々人は、自分が直接に感得する資源を自由に手に入れ利用することだけを考える存在です。「彼の欲望はその肉体的な欲求以上に出ることはない。この世界で彼が知っている幸福はただ食物と異性と休息だけである」[32]というわけです。簡単に言えば、自然状態には他人との対立がないだけに自然法もない、にもかかわらず、自然状態にある人間は、自分の持っている物しか望まず、また、望む物はすべて持っている、ということでしょう（この限られた欲求をルソーは「自愛心」と呼んで、飽くなき要求である「利己心」と区別しました）。この自然状態には、ホッブズのごとき戦争状態はありえない、と言われています。そう説かれるわけは、個人が他の個人と交わることのない存在として描かれているからです。

ところが、何らかの理由で自然状態を保持することが不可能となってきます。その理由の説明となると、ルソーは途端に現実主義者

---

31) 同訳書79頁。
32) J・ルソー、本田喜代治＝平岡昇訳『人間不平等起源論』54頁（岩波文庫、1933年）。

となってきます。洪水、火山の噴火、森の大火等々、不幸な外的環境の変化に対処するために、人びとは交わることとなったこと、交わりのなかで人間は農業技術を知り、分業と報酬の体系を習得するに至ったことに言及し、これが自然状態にみられた均衡を破り不平等の起源となる、というのです。

『人間不平等起源論』の第一部において「自然状態」を論じ、第二部において「社会状態」を論じた、この展開にルソーの言いたいことが浮き出ています。前者には「自然的不平等」および「自己愛」だけがあったのに対して、後者の社会状態には「政治的不平等」および「自尊心・利己心」が跋扈するに至る、と言いたいわけです。**ロックが「自然状態」を「文明開花した社会」と対照したのに対して、ルソーは「文明病状態」と対照したのだ**、といえばわかりよいでしょう。

ということですから、ルソー理論は、〔人間をして社会を形成させる契機は人間の本性に組み込まれてはいない→社会形成の契機は、人間性の外に求めなければならない〕と展開されていきます。

〔C〕 ここで、もう一度ルソーが自らに課した課題を思い出すことにしましょう。

彼にとっての課題は、先にデュルケームの言葉で表したように、「・・・・・自然状態の基本的法則に侵害を加えることなく……社会状態の一形態を見出」すことにありました。

自然状態から社会状態への移行は自然の成り行きではない、と述べ、そしてしかも、偶然に形成されてしまった社会状態は自然状態のように牧歌的ではもはやない、と強調しておきながら、「社会状態のなかに自然状態をもたらそう」とは！

56　第Ⅰ部　近代立憲主義のふたつの流れ——合理主義と伝統主義——

　どんなロジックで、"これが可能だ"とルソーは大胆にもいうのでしょうか？

　この裂け目に登場するのが、人びとの意思、すなわち、人為なのです。

　自然状態から移行して出た社会状態には全体を結びつける要素がない、とルソーは考えました。このままでは、部分を超えた、ひとつの全体となるための共通項がないというわけです。"そこには感覚中枢がない"とでも言えばわかりやすいでしょうか。

　ルソーが自由意思による国家の樹立というロジックによったのは、まさに感覚中枢を人為的に社会に植え込むためでした。

> 「人間は新しい力をつくりだすことはできず、現に持っている諸力を結びつけ、方向を与えることができるだけであるから、生き残ってゆくためには、障害の抵抗に打ち勝てるようにみなが集まって諸力の総和をつくりだし、これらの力をただ一つの原動力で動かして、共同の活動に向けることしか、他に方法はない。
> 　この力の総和は、多くの人たちの協力によってしか生じえない」[33]。

　ところが、人びとの協力だけでは足りません。社会と自然とは対立するものだ、との出発点をとった以上、単なる同意という要素を挿入しただけでは、《部分がひとつの全体になること》が保証され

---
33)　J・ルソー、作田啓一訳「社会契約論」『ルソー全集　第五巻』120頁（白水社、1979年）。

はしませんから。

　この隘路を抜け出るためにルソーは、公民としての個々人であれば合理的な意思によって合理的な体制を選択するだろうと考え、そう強調しました。ジュネーブ草稿にみられる有名な、「われわれはシトワイアン（公民）であったのちにはじめて、まさに〔ひとかどの〕人間となり始めるのである」[34]というフレーズには、そのことが念頭におかれております。このことからわかるように、ルソーにおいては、**公民の心のなかに刻み込まれているはずの「徳」がキー・ワードとなっております**（これについては、すぐに後にふれます）。

　この点においてはルソーとロックは同質の思想家でした。ルソーは、ロックと同じように、道徳の人でした。ロックと異なる点は、ルソーのほうがホッブズの提起した課題を真剣に受けとめ、神学によらずして合理主義哲学に徹しながら「自然状態」を社会状態へと昇華させようと考えたこと、ところが、その詩人的性向が禍して夢想に近いことを延々と語ったところでしょうか。

〔2〕　ルソー理論の特徴

　〔A〕　ロックと違う点についてもう少しふれれば、ルソーは社会契約理論を「市民社会」批判のために考案したという点です。徹底した合理主義者ルソーにとって市民社会の不合理さは耐えがたかっ

34）　本文に引用した部分は、同訳書278頁によりますと、「われわれは、国民(シトワイアン)であったのちにはじめて、まさに人間となり始めるのである」となっていますが、本文でも述べましたように、私は「シトワイアン」とは「公民」と訳すほうがいいと考えますので、作田訳を少し変えました。また〔　〕内も阪本のものです。

たのです。だからこそルソーにとって自然状態とは脱市民社会のことでした[35]。

ロックの社会契約論が"あるべき人間による国家と市民社会の樹立"を説いたものであるとすれば、ルソーの社会契約論は"市民社会によって毒された人間が、その解毒のために人為的に国家を樹立し、あるべき人間となること"を説いたのでした。換言すれば、自己保存という欲求を持った個々人が政治的共同体へと一体化する条件を説いたのでした。そのさいの転轍点が、公民としての政治的徳でした。"この要素があってはじめて、自由と権力とは両立する"と言いたかったのでしょう。その徳は、一般意思に体現されるものと期待されています。この条件が満たされれば一般意思は自由と権力とを架橋して、自由は自然的なものから政治的なものへと変質するはずだ、ということでもあります。

その一般意思は、すぐ後の〔C〕でもふれますように、道徳的自我として実体化されております。ここまでくると、ホッブズ的個人の名残は微塵もなくなります（そのことは、また、ルソー理論が全体主義理論に繋がっていくおそれをもっているということです）。このことは、社会契約論や自然法学がイギリス的なものから離れて、大陸的な別種を産んだことを表しています。

また、A・スミスの言葉を借りれば、ルソーは「体系の人」、すなわち、最適の規範体系のもとでの統治を実現しようとする、厳格な道徳主義者でした。**私的所有という欲望に毒された市民社会の構**

---

35) 参照、同訳書129頁。また、P・ガーディナー「ルソー」前掲注 (15)『自由論の系譜』124頁、B・クリック、前田康博訳『政治の弁証』34頁（岩波書店、1967年）も参照。

第4章　啓蒙思想の転回点——J・ルソー理論　　59

造を変えるためには、人間精神の構造を人為的に変えることを要する、というわけでしょう。

　ルソー理論が依拠した「自然／人為」は、「必然／自由」というギリシャ的二元論の復刻・修正版でした。彼は、「徳」のことばで（政治哲学ではなく）道徳哲学を語りました。ルソーは、世俗化されてきた自然法思想を、再度、道徳化・内面化させてしまったのです。本章の見出しが「転回点」となっているのは、このことを表しています。

　ギリシャ的二元論によれば、人間は、労働という「必然の領野」と、人格的交わりという「自由の領野」というふたつの領域で生活するものとみられました。物質的欲求を交換する市場が「必然の領野」であり、それから解放されて誠実で高貴に生きる公共圏が「自由の領野」だ、というのです（H・アレントが、彼女を一躍有名にした著作『人間の条件』で説いた「labor/work」の区別は、このことを指しております）。

　ルソーは、上の二元論にひねりを加えて、人びとが自然状態から社会状態に必然的に移行したとき、なお「自由の領野」においてともに生活できるための条件を考えました。彼にとってその解答は、《自然状態においては悪徳を知らない人間が、相互依存のシステムへと入らざるをえないとき、道徳的に善良なままであるにはどうすればいいか》という問のなかにありました。彼の有名な命題、「人間は自由なものとして生まれたが、いたるところで鉄鎖につながれている」とは、《市民社会における相互依存は自然に反している》ということを意味しました。鉄鎖から解放されるには、単に"自然に帰還すること"では十分ではありませんでした[36]。"人間には、

快楽と利益獲得を目指す金銭的結合よりも、もっと高貴で重要な結合の仕方があるはずだ"という視点が彼にとっては決定的でした。この道徳的能力を人間が内心に植え付けさえすれば、各人は「公民となって人間となり」、その公民の「個別的意思」が寄り集まれば、「一般意思」が成立するだろう、というわけです。

〔B〕 ルソーによれば、一般意思に服従する義務は、各人の自発的な約束に根拠を置くのみ、です（ということは、"ルソーは自然法論者ではない"というほうが正しいことになるでしょう。彼にとっては、人為の彼方にある自然法に訴えかけることをしても、国制のあり方が判明することはないのです[37]。彼にとっては、人民が政治参加してみずから決定する実定法こそ、正しき法だからです）。この義務は、自己の外にある大きな権力に服することではなく、もっと高いレベルにある自由の自己肯定にほかなりません。それゆえ、社会契約は、「公共の決議に公平の性格をあたえる利益と正義とのすばらしい調和」、「服従と自由との一致」、「利益と正義の見事な一致」であると捉えられました。

そこにおいては、自由と必然の間に矛盾はなく、自由は必然性としての一般意思としての人為に融合されているのです。社会契約は、政治的なるものにおける必然と自由との懸隔を消滅させ、「自然的自由」を「社会的自由」へと転化させます。そればかりか、社会契約は道徳上および法律上の平等をももたらすルートでもありま

---

36) ガーディナー「ルソー」前掲注（15）『自由論の系譜』119頁参照。
37) ルソー・前掲注（33）「社会契約論」143頁でルソーは、こういっています。「自然の法は何か、という問に答えたところで、そのために国家の法とは何かということが、いっそうよくわかるということにもならないだろう。」

した。これがルソーの「解放の理論」です。合理主義の精神は不合理世界の抑圧から個人を解放するための「自由」を希求してやまないようです。

〔C〕 一般意思は、人びとが社会契約によってつくりだした・道・徳・集・団・の・意・思・、道徳的自我のことでした。個々人の意思が有機的に結集すれば別の意思をつくりだす、というルソー理論は、フランスの社会学者E・デュルケームに先行する社会有機体説でした。そのことは、次の一文によって確認することができます。

> 「この結社行為は、直ちに各契約者の個々の人格に代わって、一つの精神的で集合的な団体を生みだす。その団体は、〔これを設立する〕集会の有する投票権と同数の成員からなり、この同じ結社行為から、その統一、その共同の・自・我、その生命、その意志を受け取る」[38]。

一般意思のなかに個別意思が含まれている以上、両者の意思の間にズレはなく、一般意思のもとでの統治が万人に自由をもたらすはずだ、ともルソーは考えました。人間は人間よりも優越した、必然的な力に強制されるときに自由となるのだ、と彼は考えたようです。この自由を彼は「市民的自由」と呼んで、外的強制のない「自然的自由」と対比します。

この「自然的自由／市民的自由」という対照によって彼の言いたかったことは、《従来の自然法論が想定してきたのは、「自然的自

---

[38] 同訳書「社会契約論」122頁、〔 〕内および頭点は原文のまま。

由」であり、この自由をもってしては「市民的自由」を論拠づけることは困難だった》というネガティヴな側面と、《**市民的自由を実現する国家は、外から強制する国家ではなく、道徳的共同体でなければならない**》というポジティヴな側面でした。彼は、近代自然法論を虚偽で偽善的なイデオロギーだと断じました。

彼は、平等についても、自由と同じように、自然状態におけるよりも完全な形で万人に対して保障される、と考えました。

このように、諸個人と国家の間を透明化しようとするルソーの理論は、ギリシャ以来の「自由／必然」の二元論を——一見、政治哲学の様相をもってはいますが、実は人間を作り替えようとする道徳理論によって——克服する試みでありました。

ルソーは、次のような有名なフレーズで、こう述べています。

> 「社会契約を空虚な公式としないために、一般意志への服従を拒む者はだれでも、団体全体によって服従を強制される、という約束を暗黙のうちに含んでいるのであり、そして、この約束だけが、他の約束に効力を与えうるのである。このことはただ、彼が自由であるよう強制される、ということを意味しているにすぎない」[39]。

〔3〕 神のごとき立法者

〔A〕 ルソーは、立法と立法者についても言及しました。彼のイメージする立法者は、ロックと同様、神のような知性を持った人間

---

39) 同訳書125頁。

でした。

では、社会契約によって生じたはずの政治体と、そこにおける立法者との関係は、どうなっているのでしょうか？

その解答は、次のようになっております。

> 「社会契約によって、われわれは存在と生命とを政治体に与えた。いまや問題は、立法によって運動と意志とをそれに与えることである。なぜなら、この団体を形成し、統一する最初の行為は、団体が自らを保存するためには何をなすべきかということについて、まだ何も定めてはいないからである」[40]。

ルソーのこの引用部分の理論展開は、通常の国制理論に照らし合わせたとき、ワン・ステップまたはツー・ステップ抜け落ちたところがある、といわざるをえません。通常は、〔社会契約→憲法契約→憲法上の立法機関→立法〕という順番が考えられています。つまり、〔①社会契約によって政治体が樹立される→②その政治体の根本構造（国制＝国のかたち）を人民（国民）が取り決める→③そう取り決められた国制のなかで、ある国家機関に立法権が与えられる→④立法機関が一定の手続に従って法律を制定する〕という権限関係の順序を考えるのが、真っ当な発想です。

こうした順番を無視して、ルソーは、いきなり「法律はわれわれの意志を記録したもの」でなければならない、と断じます[41]。「わ

---

40) 同訳書143頁。
41) 同訳書144頁。

れわれの意志」とは、いうまでもなく、常に正しいはずの一般意思のことです。ルソーは、〔**社会契約→一般意思→その記録書としての立法**〕という、**権限関係にズレのない一貫した流れ**を説こうとしました。ただし、ルソーも、"法律が実定化されればそれで済む"とは決して考えておりませんでした。ミラボーへの手紙のなかで「法を人の上におく政治形態を発見すること」こそ政治における大問題だ、と自ら述べたといいます[42]。

そのためでしょう、ルソーは、立法が普遍的・一般的な形式をもっていなければならないことを強調しました。立法は「決して人間を個人として、行為を特殊なものとして考えるのではない」[43]というのです。この指摘は、彼のいう一般意思と法の関係からすれば当然でしょう。意思の普遍性を強調した以上、法規範の対象も普遍的でなければならないわけですから、「特定の人を指名して、特権を与えること」は、立法のなすべきことではないのです。こう論じた点は、モンテスキューにも似ております。この点に限っていえば、"ルソーは穏当な啓蒙思想家だった"ということになるでしょう。

「ところが」と、ルソーはいいだします。

> 「人民は、おのずから、いつも幸福(ビアン)を求めてはいるが、何が幸福かを、いつもひとりでさとるとはかぎらない。一般意志はつねに正しいが、それを導く判断はつねに啓蒙されているわけではない。……個々人については、彼らの意志を理性に

---

42) この部分はデュルケーム・前掲注 (30) 訳書『モンテスキューとルソー』108頁によっています。
43) ルソー・前掲注 (33) 訳「社会契約論」125頁。

一致させるよう強制しなければならないし、公衆については、彼らが欲しているものを教えてやらなければならない。……こういうわけで立法者が必要となってくるのである」[44]。

これでは、まるで「大衆とそれを指導する前衛党」といった、どこかで見慣れた風景です。これが"人民は主権者としてみずからを統治する"という「自己統治」であるはずはありません。これは、「人民が人民となるための必要な行為を調べてみるのがよかろう」[45]というルソーの出発点から大いにズレてしまっています。

〔B〕〔社会契約→一般意思→その記録書としての立法〕という流れまでは、詭弁家としての天与の才能を持っていたルソーも、自分が詭弁を弄していることにさほど悩まなかったことでしょう。

立法の形式を論じた後に、誰が立法するか、という議論の段階となってきますと、ルソー自身、自信をもって解答することができなかったようです。

彼が描く立法者像は、ありようもない人間でした。そのことをルソー自身意識していたのではないか、と思わせる節があります。そのことは、次の叙述にうかがわれます。

「立法者はあらゆる点で国家のなかの異常な人間である。彼はその天才によって異常でなければならないが、その職務によってもやはりそうなのである」[46]。

---

44) 同訳書145〜146頁。
45) 同訳書120頁。
46) 同訳書149頁。

もっとも、立法者が神のような存在ではないことを知っていたために、ルソーは立法者の権限を提案するところでとどめたのでした。

　人民の「自己決定」を標榜するように見せながら神のごとき立法者による統治を説く奇怪な理論は、社会契約によって成立した政治社会での自由の法則を解明することに失敗しております。にもかかわらずルソー理論を信じ込む人がいるとすれば、その人物はナイーヴな知性の持ち主でしょう。当時の社会契約論者にとって最大の関心事が、諸個人の意思による国家の樹立または国民による権力の掌握（社会の誕生のメカニズムと、誕生した社会での権力の帰属を神学から解放された形で解明すること）にあったからこそ、これですんだのでしょう。

　〔C〕　個人だけが国家のなかにあることを望んだルソーは、一般意思にとって異物となりがちな諸個人の政治的選好を押さえ込む仕掛けまで用意しておりました。

　これが「人びとは自由になるべく、強制されている」とする有名なレトリックです（レトリックというよりも、トリックと言ったほうがいいように思えます）。この「自由の強制」は、上でふれた「自由と必然」と表裏一体だということは読者にもすぐにわかるはずです。そして、これは、先にもふれたように、《私利私欲に満ちて堕落した人間を作り替えるための道徳の理論だ》ということも了解できるでしょう[47]。

47）　ルソー「社会契約論」には、次のようなパッセージが発見されます。「自然状態から社会状態へのこの〔一般意志を通しての〕推移は、人間のうちにきわめて注目すべき変化をもたらす。人間の行為において、正義を本能に置きかえ、これま

ルソー理論は、憲法（国制）における制度論ではなく、公民としての徳目論だったのです。その理論は、人の私利私欲を理性によって統制しようとするものではなく、善き情念において悪しき情念を追い払おうとしたのでした。人間の内面の改造論です。だからこそ『社会契約論』の最終部分が「公民宗教」[48]について論じられているのです。この宗教と政治が結びついたとき、一般意思に従う国制が実現するのだ、と彼は考えました。そのことは、うっかりすると読み飛ばしてしまいそうな、次の一文に表れております。

> 「政治と宗教は、今日でも共通の目的を持っていると結論すべきではなく、むしろ諸国民の起源において、宗教が政治の道具として役立っている、と結論すべきである」[49]。

この一文と、「人間に法を与えるには神々が必要であろう」という一文とを結び併せて読むとき、ルソーの社会契約論が隘路に落ち込んだことを読者は知るはずです。この隘路をルソー自身はっきりと意識したはずで、結局は"結果が原因となる"と開き直るしかな

　　で欠けていた道徳性を人間の行為に与えるからである」（同訳書125頁、〔　〕内と傍点は阪本）。
48) 参照、同訳書第4篇第8章。訳書においては同章は「市民宗教」となっているが、わたしはこれを「公民宗教」と呼ぶことにしています。
　　なお、ルソーのいう「宗教」は、キリスト教のような、天上の事柄に関心を寄せる宗教ではなく、「それなくしてはよい市民（公民）にも忠実な臣民にもなりえないような社会性の感情として」主権者が定め命ずる信条を指します。ルソーは、それを積極的に定義して「強く、賢く、慈愛に満ち、予見し配慮する神の存在、来世、正しい者の幸福、悪人への懲罰、社会契約および法律の神聖性」と、多くの要素をあげています。同訳書の250頁を参照してみてください。
49) 同訳書150頁。

かったようです。いや、もっと辛辣にいえば、ルソーは倫理学者でもなければ政治思想家でもなく、宗教家だったのです。

〔4〕「自由の専制」理論

〔A〕 こうしたルソー理論ですから、"立憲主義にとって必要な憲法（国制）への見通しに欠ける道徳理論だった"と私は先に診断したわけです。

『社会契約論』は、専制をうち破ることだけでなく、天上界での模範を理想主義に燃えて描き出そうと夢想する作品でした。ルソーはユートピアを夢見たのでした。

世俗の現状を無視する理想論に絡め取られ、その魔術にかけられた善意の統治は、市井の人びとにとって息苦しく、ときには過酷なものとなりがちです。ルソーのように、構成員がみずから法を設定していく「人民主権」は、その種の魔術性をもっておりました。その魔術性が、後世、取り返しのつかない災いを人類に与えることとなってしまいます。それは、「自由への強制」をロベスピエールの「自由の専制」のもとで現実のものとしたばかりか、その後の全体主義のための教説となったのです[50]。

---

50) 「全体主義」という政治学上の用語は20世紀に産まれたのですが、ルソーの『社会契約論』は、自由の書ではなく、20世紀の全体主義を準備した書でした。このことは、L・デュギー、堀真琴訳『法と国家』（岩波文庫、1935年）第2章「ジャン・ジャック・ルソーと社会契約論」が指摘するように、その全体を読めば疑問の余地はないでしょう。また、G・ヘーゲル、三浦和男ほか訳『法権利の哲学』第258節（417頁）（未知谷、1991年）もみて、そのことを読者自身で確認してください。もっとも、ガーディナー「ルソー」前掲注（15）『自由論の系譜』126頁や、J・プラムナッツ、藤原保信ほか訳『近代政治思想の再検討Ⅲ　バック〜ベンサム』163頁以下（早稲田大学出版部、1978年）は、ルソーが全体主義的イデオロギ

そうなった理由を考えてみましょう。

"人民が権力を掌握すればするほど人は自由になる"との信念のもとで[51]、「人民」が実体化されると、そのひとつの声が多様な意見を消滅させることになってしまいます[52]。実在するはずもない人民が普遍的な意思の主体だとされるとき、人民（実は、少数の指導者、なかでも、前衛党）が統治の絶対者となってしまいます。先にふれたように、"一般意思はひとつの道徳的自我となる"とするルソー理論はまさにこれです。

フランス革命のなかに一時はギリシャの共和制精神の再現を見たヘーゲルが、その革命のもたらした自由を「絶対的自由」と呼び、**"そのなしうる唯一の仕事は死だ"**と述べた理由はそこにありました（この点については、次の第Ⅱ部でふれることがあるでしょう）。その預言は、不幸にも的中したようです。

〔B〕 ルソー理論は、それにとどまらず、次のような負の遺産を後世に残しました。

第1に、市民社会を反倫理的なものと考える思考を助長したことです（この傾向は、ヘーゲルを通したマルクス主義の政治哲学によって絶頂に達しました）。ルソーは、「自由」が人びとの間の不平等を拡大するだろうとおそれました。それどころか、"平等がなければ自由は存在しない"と断じました。人間不平等起源論の著者にとって

　　　一の提唱者ではないといってはおりますが。
51) これが、「消極的自由／積極的自由」という長い論争の火種となったばかりでなく、「自由主義／民主主義」概念の相互独立性をぼかす原因となり、さらには、自由を支える価値（論拠）についての一定の見方とつながっていったのでした。
52) 阪本昌成『リベラリズム／デモクラシー〔第二版〕』140、158頁（有信堂、2004年）を参照願えれば幸いです。

は、「自由と平等」とを同時に実現するという目標にとって、富の不平等が自由の実現にとって障碍になる、と映りました。だからこそ、ルソーの有名な次の一文が出てくるわけです。

> 「富に関しては、いかなる市民も他の市民を買えるほど裕福ではなく、また、いかなる市民も身売りを余儀なくされるほど貧困であってはならない」[53]。

第2に、彼の主権論も自由論も、「国家 対 自由」、「主権 対 法」という対立を隠蔽したままの理論だったため、〔権力参加→一般意思の形成→主権の確立→自由となること〕という、屈折を知らない流れが前面にでてしまったことです。この「積極的自由」論は、法や自由でもって国家権力に抵抗する自由主義との対立点をぼかしてしまいました。

第3に、"人民の意思またはそれを代表する議会の意思によって制定されるルールこそ、法である"とする実証主義的思考と、法の制定権限は人民の代表機関である議会に独占されるべきである、とする「法=法律」、「議会=法制定の独占機関」とする理解を強化してしまったことです。ルソー理論の信奉者は、"とんでもない！ ルソーは主権が代表されえないことをちゃんと指摘することによっ

---

[53] ルソー・前掲注 (33) 訳「社会契約論」159頁。本文に引用した文章の次にみられる注には、ダメを押すかのように、こう述べられています。「百万長者と乞食のどちらも容認してはならない。この二つの身分は、本来不可分のものであって、等しく共同の福祉にとって有害である」。この一文が、市民社会があたかも「ゼロ・サム・ゲーム」であるかのように言い表す傾向を生みだしたのではないか、と私はみています。

て議会(間接民主制)を忌避していたはずだ"と反論することでしょう[54]。ルソーといえば人民主権論の元祖、直接民主制の提唱者と一般に理解されているのですから、この反論の前に私たちは立ち止まることになります。ところが、「ルソー＝直接民主制論者」という等式は、ある論者にいわせれば「歴史的な誤読」のようです[55]。

『社会契約論』は、第1篇、第2篇、第3篇と進むに従って、天上界の理想論から世俗の現実論へと展開されます。統治が現実味を帯びてくるとき、ルソーの「人民主権論」は奇妙な転回を示しはじめます。この点をいちいち論証することは本書の目的ではありませんので、その一部だけを指摘することにしましょう。

> 「民主政という言葉の意味を厳密に考えるならば、真の民主政はかつて存在したこともないし、これからもけっして存在しないだろう。多数者が統治して少数者が統治されるということは、自然の秩序に反している。人民が公務を処理するためにたえず集まっているとなどということは想像もできない。
>
> 　付言しておくと、民主制もしくは人民政体ほど、内乱、内紛の起こりやすい政府はない。それは、民主政ほど、政治形

---

54) 同訳書203頁を見てください。また、ルソーは『ポーランド統治論』においても、「巨大国家のもっとも大きな不都合の一つ、そこで自由をもっとも維持しがたくしている不都合は、立法権力がそれ自身では示されず、代表によってしか作動しないということである」と述べています。J・ルソー、永見文雄訳「ポーランド統治論」『ルソー全集　第五巻』390頁。この部分を見れば、われわれは「人民主権論者としてのルソー」を読みとることでしょう。
55) 小林浩『ルソーの政治思想』53頁（新曜社、1996年）を参照ください。

態が著しく、またたえず変わりやすいものはなく、またその維持のために、これほど警戒と勇気を要求するものはないからである。

　もし神々からなる人民があるとすれば、この人民は民主政治を以て統治するだろう。これほど完璧な政体は人間には適しない」[56]。

後世への負の遺産という政治的効果を無視するとしても、上の引用文をみてもわかりますように、**ルソーは「人民が主権者となる」ことを信用していなかったのです。**

彼の社会契約論は想像以上に空疎なものでした。

〔5〕　ルソー理論の欠陥

〔A〕　ルソー理論の空疎さをもう一度確認してみましょう。

第1段階の社会契約が人民というひとつの人格を創設してはじめてこの人民は第2段階において統治契約を締結できるはずです（国家が樹立されるには、2段階の契約を要することは知力ある思想家なら気づいてきたはずです）。この第2段階において人民は、国家の主権を法によって統制し、もって国家に対する自由を確保する、という手順を踏むはずです。ところが、先にふれたように、ルソー理論はその視点に欠けておりました[57]。

---

56)　ルソー・前掲注（33）訳174～175頁。
57)　集団的決定のためには、さまざまな決定のためのルールを要するはずです。この点についても、阪本・前掲注（52）『リベラリズム／デモクラシー』の第6章「集団的決定に関するルール」を参照願えれば幸いです。

なるほど、ルソーの思考に従えば、"人民は、人民自身を専制的に支配しないだろうから、権力基盤の拡大は自動的に権力の削減となるはずだ"ということになるのでしょう。これは、なかなか魅力的な結論のようにみえます。ところが、その実態は、単純多数派が、社会の少数派、独創的エリートその他の少数集団に対し、自己の専制的意思を押しつけるという新しい形の独裁となることでしょう。平等で積極的な政治参加という「人民の自己決定」は、専制政治の他律的統治に代わるものと期待されたわけですが、それだけでは立憲主義の理論とはなりえません。自己以外に抑制するものをもたない人民主権論は、立憲主義にとって最も警戒されるべき思想なのです。

　〔B〕　天上界におけるモデルから現実の統治構造に議論を下降させるに従ってルソーの論調は、次第しだいにペシミスティックになっていかざるをえませんでした。人民主権の実現についても、先にふれたように、そのことが表れております。現実の統治構造のうち、ルソーの理想に近いものがポリスにおけるそれでした。ポリスにおける統治にノスタルジーを感じている政治哲学者は、今日でも珍しくありませんが、ルソー自身はポリスを理想像として仰ぎ見てはならないことを十分承知していた点には留意を要します[58]。

　私たちは、『社会契約論』を"国制に関する堅実な理論ではなく、理想国を夢想する散文の書だ"と割り切って読んだほうがいいでしょう。

　〔C〕　私が、すぐ上で"夢想する散文だ"と叙述するにあたって

58）　小林浩・前掲注（55）71頁を参照ください。

念頭に置いたのは、次のことでした。

　第1。個人Aは、他の個人Bの政治的選好を知ることはなく、ましてや、n人のそれともなると、予期することさえ不可能である。ルソーは、人間の政治的選好が主観的であること、その選好が顕示されない限り人の知るところではないことを、知らなかったのです。

　第2。もっとも、人びとの政治的選好は、公的な討議のなかで顕示される、とルソーは考えました。が、公的な熟議がひとつの合理的な結論をもたらす、という保証はどこにもありません。ましてや、公的熟議を通して、全員に共通する政治的選好xに至る、ということはありえません。ある考えやある結論がいかに合理的であり正しいと思われる場合であっても、これに反対する人間は、必ず存在するものです。この場合、ルソーは"反対する者が間違っており、その者は正しき結論へと強制されなければならない"と回答します。ホッブズ以来の「社会契約」説が、その正否は別にしても、人びとの自発的な同意を強調するものであったのに対して、ルソー理論の到達点は「自由の強制」でした。ある意見や判断について、正邪の烙印を主権の名で押してこれを人びとに強制することほど、統治において危険なことはありません。"ルソーこそ自由の敵だ"とよく言われてきた理由はここにあります。

　第3。人びとは強制されなくとも、公的熟議のなかで多様な選好を相殺しあって、共通のxへと到達する、とルソーは期待したのでした。ところが、相殺すればxとなることはありません。いくら公的熟議を繰り返しても、各人の政治的選好はモザイク状に分裂している、というのが実情でしょう。

第4章　啓蒙思想の転回点——J・ルソー理論　75

　第4。ルソーは、経済的な不平等がなければ、人は他者に依存することがなく、自由に討議に参加し、公然と責任をもって発言するだろう、と考えました。なにしろ、彼の理論においては、人は自由なものとして生まれており、この自由が市民社会の中で浸食されないようにするには、経済的な不平等を除去しなければならない、というわけです。経済的な格差は、自然的・先天的なものではなく、後天的な条件によって発生すると彼は考えましたから、この格差を人為的に是正すれば自由を復元できるのだ、という救済の理論を展開したのでした。がしかし、この自由と平等とを両立させる理論は、ナイーブ過ぎました。

　ルソー理論は、ホッブズのそれとは違って、樹立された政府に服従することがなにゆえ利益となるか、を論じておりませんし、ロックのそれとは違って、統治権限の限界はどこにあるか論じてもおりません。

第5章　D・ヒューム——スコットランド啓蒙思想 I

〔1〕　反・社会契約論

〔A〕　ドイツの不遇の国家学者、H・ヘラーは、啓蒙主義をこう評しています。

> 「言うまでもなく、啓蒙主義自然法の重大な欠点は、政治的世界の全体を意図的・有意的な制作物……として解釈した点にあった[59]。
> 「ロックからルソー、プーフェンドルフからカントに至る理性自然法は、……複雑に分化し、絡み合ったふたつの事実連関たる社会と歴史を、ほとんど誤認したために、社会の中で生き、社会と長い歴史を通して形成されてきた人間のみが有する諸属性を、〔その理論的前提としての〕国家を意識的に創作する自然人に帰属させたのであった」[60]。

ロック、ルソーのごとき自然権・社会契約の理論は——それぞれ系譜を異にしているとはいえ——どうも合理的で、人間にとって都

---

[59]　H・ヘラー、安世舟訳『国家学』45頁（未来社、1971年）。
[60]　同訳書46頁。

合よく作りあげられた、夢のような理論のように私には映ってなりません。そう懐疑的になったとき、別の啓蒙思想を探求する必要がありそうだ、と私は思わずにはおれなくなります。「複雑に分化し、絡み合ったふたつの事実連関たる社会と歴史」を知ったうえで、"現実をくぐり抜ける必要"を論じたのが、スコットランドの啓蒙思想、すなわち本書のいう「伝統主義」です。

伝統主義は、人民が現実にひとつの意思主体となるかのように説く実在論的社会契約論を克服しようとする思想であるばかりでなく、実定法の万能性に異議を申し立てる思想でもありました。伝統主義は、社会契約説こそ、政治理論の歴史のなかで、新奇で異端の思考だ、と説きました（このことは、25頁でもふれました）。

〔B〕 スコットランドの「伝統主義」は、フランス革命後はじめて自覚的に姿を現しました。

その背景を知るには、それまでの政治理論が、どのようなねらいをもって展開されてきたのか、という点を再確認しておく必要があります。

ホッブズに始まってロック、ルソーに至るまでの政治理論は、政治的自由と安全を確保するための理論でした。だからこそ、彼らは政治的権利に最大の関心を寄せたのです。これに対して18世紀の、もうひとつの啓蒙思想は、政治的自由（political liberty）よりも経済的自由（civil liberty）と経済市場との関係に関心を寄せるものとなりました。なぜなら、現実の経済発展を体験しつつあった人びとは《自由は経済市場における相互行為（交易）のなかで徐々に姿を現わすものだ》と気づいてきたからです。その代表的論者がD・ヒュームです。

ヒュームに代表されるスコットランド啓蒙思想の特徴をかい摘ん

でいえば、《ある制度、言語、法、そして国家までもが累積的成長の過程を経て姿を現したものだ》とみる点にあります。

それは、①時間の流れを分析軸に置いた、動態的な視点のもとで、②人間の合理的な能力よりも不完全な諸特性に着眼し、③人間の行為が何によって主に動機づけられているかを経験的な日常の目で観察し、④社会的変動についても、一般的原因に遡及することを避けて偶因を重視する点に特徴をもっております。

スコットランドの啓蒙思想が、理性といえども伝統・世論によって規定されていることを承認したり、理性や知性よりも情念・情緒を重視し、合理性に対しては非合理性に積極的価値を認めたりするのも、この特徴からきます。これは、人間の自己実現の完成を希求することよりも、人間の不完全さ（人間の無知）を直視しながら、非利他的な諸個人間の利害を調整しようとする思想だ、といってよいでしょう。最小限の正義を国家が維持しておけば、「商業と徳」、「利己心と利他心」とは両立する、というわけです。

〔C〕 ホッブズ、ロック、ルソーの考え方の基礎に、「自然 physis, natur／人為 nomos」という二分法が流れていたこと、この二分法は中世的秩序を破壊する目論見をもっていたこと、「自然 nature」の捉え方はまちまちであったとはいえ「人為」とは人の自由意思を指していたこと等については、これまで論じてきたとおりです。

これに対して、スコットランドの啓蒙思想は、彼らとはまったく違った発想に出ました。**自然でもなければ、人為でもない、生成という時間の流れのなかで現れる第３の分野をスコットランドの啓蒙思想は知っていたのでした。**

この思想からフランス革命を見たとき、「大革命」は現実世界の

否定的なものをすべて廃棄しようとする人為の産物でした。それは、過去から未来への時間の流れを一挙に切断する無謀な試みだったのです。

〔2〕 ヒュームの視点
〔A〕 社会の成立問題を中心課題としないで、成立した社会での利害の調整問題へと関心を移す契機を提供した論者が、D・ヒュームです。

ヒュームの課題は、①人間が行為するさいの動機は何であるか、②人間の行為の正邪を判断する道徳的能力はどこからくるのか、という哲学上の争点について主観的な成立原因から問い直すことにありました[61]。

ヒュームは、"人間は理性的な存在だ"という命題からは、"人間はいかに行動すべきか"という道徳理論原理を導き出せない、と考えました。この地点で、ヒュームの人性（human nature）論は、ロックに学びつつもその倫理的合理主義を乗り越え、B・マンデヴィル的な懐疑論[62]または倫理的利己主義へと少しだけ近づきました。そして《人間の行動に最大の影響を与えるのは、理性（reason＝理

---

61) 参照、D・ヒューム『人性論（四）』（岩波文庫、1952年）第3篇「道徳に就いて」第2部「正義と不正義とに就いて」44頁以下。ヒュームの哲学に関しては、桂木隆夫『自由と懐疑』（木鐸社、1988年）、ハイエク・前掲注（21）訳書『市場・知識・自由』、遠藤和朗『ヒュームとスミス』（多賀出版、1997年）、大野精三郎『歴史家ヒュームとその社会哲学』（岩波書店、1977年）が参照に値します。また、犬塚元『デイヴィッド・ヒュームの政治学』（東京大学出版会、2004年）は政治理論家としてのヒュームに焦点をあてる本格的な研究書です。
62) 懐疑論とは、理性への過信を疑うことであり、理性の及びえない領域を非理性的な原理によって解明しようとする試みをいいます。

知)ではなく、情緒(passion)である》、《規範的判断は理性ではなく道徳感情に基づく》と捉えるにいたったのです。

ヒュームにとって、合理主義哲学のいう「理性」は、どうもキリスト教神学の影響を陰に陽に受けているようで、納得のいかないものでした。彼の批判の矛先は、デカルト的合理主義哲学だけでなく、キリスト教神学にも向けられました。

そうなると、ヒュームのいう「理性」と、大陸的な哲学のいう「理性」とは、同じ言葉でありながら、別の方向を向いていることが容易に予想されてきます。

ヒュームによる reason の定義は、次のようになっております。

> 「理知〔reason〕とは真偽の発見である。ところで真偽は、観念間に真に存する関係との一致不一致か、真の存在ないし事実との一致不一致か、そのいずれかに存する。それゆえ、かような一致不一致の許さないものはすべて、真もしくは偽であることができなく、従って理知の対象であることは決してできない」[63]。

人間理性がこのように把握されるからこそ、あの有名な、価値判断と認識とを峻別する「ヒューム原則」がもたらされたのでした。次の章でふれる A・スミスの『道徳感情論』はこのヒューム原則に影響された著作でした。

〔B〕 ヒュームの哲学は、社会科学のアプローチにとって重要な

---

63) ヒューム・前掲注 (61) 訳書『人性論 (四)』15頁、ただし、〔 〕内は阪本、傍点は原文のまま、漢字は当用漢字に直してあります。

第5章　D・ヒューム——スコットランド啓蒙思想Ⅰ

視点を私たちに提供しています。

というのも、彼は、①人間の本性は限られた利他心と寛容しかもちえないという主観的条件と、②この世の財物は希少であるという客観的条件を冷静に承認するところから議論を組み立てたからです。後者の希少性問題は経済学を産み出しました。本書の関心事は、このうち①にあります。

この点に関するヒュームの基本的な考え方は、次のようでした。

> 「各人は、自分以外のいかなるひとりの人物より自分自身を更に愛する。また、他人を愛するさいは、〔自己に〕関係ある者や知己に最も大きな情愛を抱く。この点から他方では、情緒間の対立と、従って行動間の対立とが、必然的に産まれてくる。そしてこの対立は、いま漸く新たに樹立された社会的接合にとって危険なものとならざるを得ないのである」[64]。

自己の利益を最も重要視する人間、人間を取り巻く世界における財物の希少性、こういう問題設定のもとでヒュームは、**《個人の利益と全体の利益とは容易には一致しないこと》**を見抜きました。人間の利己心と私的所有とが、上の引用文にあるように、「社会的接合にとって危険なものとならざるを得ない」というわけです。ロックの説いた「所有＝労働権原」理論では、既存の分配状態を容認することはできても、権原主体が相互の効用を大とするためのルールはどうなるのかという疑問を解明したことにはならない、とヒュー

---

64) 同訳書59頁、〔　〕内は阪本、傍点は原文のまま、漢字は当用漢字に直し、一部表記を変えてあります。

ムは考えました。

そこで、ヒュームは《個人の利益と全体の利益とが近似値に近づくための統治はどうあるべきか》という国家哲学（国制理論）にも踏み入っていくことになります（彼はまた、『人性論』において今日いう経済学的な視点から、分業の必要性・有用性にも言及しております。この点は本書の関心事ではありませんが、〔財の希少性→分業→富裕〕という流れを念頭において、"そのためには、いかなる「自然法」が生まれ出るか"とヒュームは問題設定したようで[65]。なお、彼のいう「自然法」とは、「非人為法」、平たく言い直せば、人工的ではなくおのずとできあがってくるルールを指すにとどまります）。

政治哲学者としてのヒュームの目線は、《さまざまな社会の人間が、どのような法を擁して暮らしているか》に向けられました。国家の法を、モンテスキューと同じように、現実的関心から、制度論として捉え直そうとしたのでした。そのさい、ヒュームは、ボーリングブロックのような、"君主の権力は記憶に遠いほどの古来からの憲法によって統制されてきた"という、歴史への不合理な訴えに頼ることもしませんでした。彼はまた、当時の支配的な道徳哲学が説いてきた「徳」（virtue. 当時、道徳理論でもあり、権力概念の統制でもあった"シヴィック・モラリティ"）に訴えない道筋をもたどっていきました。かといって、マンデヴィルのような、「悪徳商人が公益を実現している」という放縦を称えたわけではありません[66]。彼

---

[65] 近代自然法学と経済学の関連については、新村聡『経済学の成立』（御茶の水書房、1994年）が最もお薦めの本です。この著作は、あちこちに"目から鱗"の叙述部分を発見できる、出色のできで、これを私は感心して読みました。

[66] 「自愛は自由にはたらくとき、我々を正直な行動へと索きつけなく、却って一切の不正義と不法との源泉である」とヒュームは論じています。前掲注（61）訳書

の政治理論のねらいは、civil societyにおける人びとの自由と、国家の権力・強制力との両立可能性（厳密にいえば、一体性）を論ずることにありました。

〔C〕 彼の理論におけるキー・ワードは、人間のもつ「欲求という利益」、必要財の希少性、そして、人間の「有限知」でありました[67]。

ヒュームにとってみれば、従来の社会契約論でみられた、国家樹立の導因を人間の本性（human nature）に求めることは無駄でした。なぜなら、人間の本性または自然法という公理を出発点としたうえで論理的演繹によって国家と法の理論を構築することは、必然的に形而上学となるだろう、と考えたからです（この切り口の端緒は、不思議にも、ルソーと変わっておりません）。

> 「現存の、あるいは、史上に記録のある政府の起源は、ほとんどすべて、権力僭取かそれとも征服か、あるいは、これらの両方かにもとづいており、人民の公正な同意とか自発的な服従とかを口実にするものは、これまで全然ありませんでし

49頁。
[67] 同訳書69頁参照。J・グレイ、藤原保信＝輪島達郎訳『自由主義』42頁（昭和堂、1991年）は、ヒュームの基本的考え方を、次のように簡明に要約しています。
　「ヒュームにおいては、フランス啓蒙思想の思想家たちとは対照的に、自由主義秩序の擁護〔にあたって〕人間の不完全性という事実を援用している。ヒュームは『人間本性論』（A Treatise of Human Nature, 1739-40）において、人びとの限られた仁愛と知性の限界、および人間の欲求を満足する手段の不変の希少性を、基本的な正義の原理の生成原因として引照している。」〔 〕内は阪本。
　また、遠藤和朗・前掲注（61）25頁以下、大野精三郎・前掲注（61）の序論も参照するといいでしょう。

た」[68]。

このようにヒュームが、"社会契約論は空論だ"とクールに批判するとき、その核心は《社会契約は歴史的事実からほど遠い》という点よりも、《人間の本性に依存し続ける理論には、社会変動という要素が欠けている》、**《人間は、活動しながら、多様な能力を実践のなかで発展させるものだ、という視点に欠けている》**というところにありました。社会契約説は、自由な政体または正当な国家を説明する道具としてまちがっている、というわけです。そうみた彼は、それまでの哲学が実体として祭り上げてきた「精神」という神秘的な概念を、人それぞれの習慣的な営為へと解体しました。

〔3〕 国家樹立の導因
〔A〕 では、国家樹立の基本的導因は何だとヒュームは考えたのでしょうか？
それは、人びとの利益あるいは必要(ニーズ)からでした。
国家樹立の導因に関する限り、ヒュームはホッブズに似ています。
《国家を樹立する最も基本的な導因は、人為的なものにあるが、とはいえ、その帰結は人為を超えたものとなる》と彼は考え、ホッブズから離れました。だからこそ、彼の『人性論』第3篇「道徳に就いて」は、人為的徳の論究から始め、自然的徳へ、さらには、法

---

[68] D・ヒューム、小松茂夫訳『市民の国について（上）』133頁（岩波文庫、1982年）。また、D・ヒューム、小西嘉四郎訳「原始契約について」『世界の名著 32』541頁（中央公論社、1980年）もみてください。

と正義の理論へと展開されているのです。

　人間の本性である強烈な情念を押さえ込むもの、それは、人間の反省（省察）の能力だ、とヒュームはいいます[69]。

　希少性問題に直面した人間は、この反省の能力を通して、人びとの利益と必要にとって何が必要であるか、実践のなかで少しずつ観察し振り返り学んできた、というわけです。その習得物が、「正義に適う交換のルール」です。

　ヒュームは、《人権または自由は、国制によって創設されたのではなく、自然法によって保障されたものでもなく、商業的交易が進んでいくとともに、事実上、徐々に人びとの手中に収められ、その自由を国制が確認したのだ》と考えました[70]。国家の役割は、このように創発してきた正義に適う交換ルールを維持することにあります。

　ヒュームの『人性論』は、このことを次のような展開で説明しております。

①「人びとは、社会を撹乱する主要なものは謂わゆる外的物財から起こることを、換言すれば、物財が遊動的で或る人物から他

---

[69] 参照、ヒューム・前掲注 (61) 訳書『人性論 (四)』66頁。

[70] 参照、田中秀夫・前掲注 (5)『共和主義と啓蒙』175頁。また、坂本達哉「名誉革命体制評価をめぐるヒュームとウォーレス」前掲注 (7)『社会思想史研究12号』27頁 (1988年) は、次のようにいっています。
　「ヒュームは、社会的コンヴェンションのレヴェルで成立する、所有権を中核とする自然法的権利のなかに、絶対王政期を通じての経済の持続的成長と、名誉革命によって体制的に確認されるべき市民的諸自由の根本原因を認めたのである」。
　渡部峻明「ヒュームの自然法学」前掲注 (5)『スコットランド啓蒙思想研究』130頁も参照のこと。

の人物へ容易に推移するところから起こることを、観察してしまう」[71]。

② この観察を通して人びとは「物財の所持に安定性を賦与し、各人が幸福と勤勉によって獲得できたものを平和に享受させておく」[72] ためのルールを習得していく。これが convention である。

③ このように、「所持の安定に関する規則も人間の convention から来る。けだし、この規則は漸次に起り、その力は徐々に、すなわち規則違背の不都合を反復して経験することによって、獲られるのである」[73]。

④ 「・自・利・は・正・義・を・樹・立・す・る・根・原・的・動・機・である。が、・公・共・的・利・害・へ・の・共・感・は、・正・義・の・徳・に・伴・う・道・徳・的〔ないし是認〕・の・源・泉・な・の・で・あ・る」[74]。

　ヒュームは、各人相互の利害・情念を確認しあう長期間の過程が convention を成立させること、その convention によって支えられている原則が「正義」であること、それを「自然法」と呼びたければそう呼んでもかまわないこと、を論じました。ということは、ヒュームのいう「自然法」とは、あくまで経験的なものであって、近代自然法思想のいうそれとはまったく違っているわけです[75]。

---

71) ヒューム・前掲注（61）訳書『人性論（四）』62頁、ただし漢字は当用漢字に変えてあります。
72) 同訳書同頁。
73) 同訳書63頁、ただし表記は一部変えています。
74) 同訳書77頁、〔　〕および傍点は、原文のまま。
75) 近代自然法学は、自然法につき、「基本的自然法／特定自然法」という枠組のも

ヒューム理論のポイントは、《正義は、人間の行為の結果ではあるが、人間の意図せざる自律的なパターンを示すこと》、《正義は、人間の自然的美徳としての仁愛（寛仁）からは生じないこと》におかれております。言い換えれば、理性といえども、人間本性に組み込まれてはおらず、行為の結果として、人間がこれを少しずつ理解し習得していく、ということでしょう。こう考えることによってヒュームは「自然法」を経験化させようとしました。こうヒュームを理解したとき、彼のいう「自然法」は、自然法学者がいってきたものとは違って、経験的で生成的だ、という点がすぐに再確認できるはずです。

〔B〕 人間の情念からスタートし、家族生活を通しての反省能力の習得、同能力を通しての「利益と必要」のための情念管理、すなわち"社会的相互行為におけるミニマムの正義"、最小限の正義を維持するための国家の権威へ、というダイナミックな流れを所有権を旋回軸としてヒュームは彼なりに説いてみせました[76]。

今日の経済学の言葉でいえば、《**人間の自己利益追求のもたらす外部効果が、反省の能力を通して、convention というルールへと**

とで、"平和な社会を求めよ""社会的であれ"という時間超越的な「基本的自然法」から、"他人の所有物を侵害するな""約束は遵守せよ"といった「特定自然法」が歴史的に発生することを論じてきました。ヒュームは、この区別を《自生的に生じてくる正義のルール》へと纏めあげたのでした。

76) ヒューム・前掲注 (61) 訳書『人性論 (四)』64頁にいわく、「人間の所有〔ないし資産〕とは、その人間に関係ある事物である。ところで、この関係は自然的関係ではなく、道徳的関係で、正義を根底とする。それゆえ、正義の本性を遺漏なく了解しないで、換言すれば、正義の起源が人間の人為と工夫とにある点を明示しないで、所有に関する何らかの観念を持つことができる、かように想像することは途方もないことである。」〔 〕内は原文のまま。

内部化される》というプロセスを、ヒュームは論じたかったようです。

このように、ヒュームは、人間の本性を"ミニマムの正義"に引き下げ、そのぶん、自由な領域を人間に与えたのでした。ルソーのような「厳格な道徳主義者」では、こうはいかなかったことでしょう。ヒュームは、「厳格な道徳主義者」に反論しようとした歴史学者・経済学者・哲学者でした。

〔C〕 以上のようなヒュームの政治哲学は、〔家族生活を通しての正義感の習得→市民社会におけるコンヴェンション＝正義の法の創発→その執行のための政府（国家）の創発→そのもとでの市民生活→裕福さの実現〕という一連の流れを考えたものでした。

これは、「小さな社会における正義（の判断基準）／大きな社会における正義（の判断基準）」という違いを念頭において展開されております。家族や対面的相互行為において人々がみせる正義の動機や正義感は、大きな社会におけるそれらとは違っている、という人間の本性にヒュームは配慮したためでした[77]。この考え方は、"大きな社会にあっては、部族的正義感（協働連帯の道徳）は通用するはずがない"と強調していたF・ハイエクの論調とよく似ております。国家が強制力を用いることによって維持しようとする正義は最小限のそれでいい、とヒュームもハイエクもいいたかったわけです。連帯を強制する積極国家または社会国家が正義に適う国家だと

---

[77] 同訳書49頁を参照してください。そこでは「人々は、日常生活の指導に当たって、……一切の種類の不正義を慎むとき、公共的利害のような遠方を見ない。けだし公共の利害は、あまりに隔たった且つあまりに崇高な動機であって、人類の一般を感動させるに足りない」と述べられています。

信じている人びとはもう一度、彼らの言いたかったことを冷静になって再考すべきところでしょう。

〔個人→家族→市民社会〕と視点を広げていったヒューム理論は、今日においても示唆に富みます。が、しかしながら、これらを同心円イメージで捉えてしまった点で不十分でした。彼のいう civil society とは、自由な市民社会、文明社会であると同時に、自由な政治体制でもありました。この捉え方では、市民社会と政治社会とを区別しなったロックの理論と変わりませんし、正義の法と実定法とが食い違っているとき、人びとのいかなる行為が正義に適うのか、解答を与えることもできません。

国家や実定法さらには共同体に依存することなく、人びとが自律的に行為できる領域をくっきりと描き出して統治の領域との違いをはっきりと論じたのが、A・スミスでした。

第6章　A・スミス——スコットランド啓蒙思想 II

〔1〕　スミスの着眼点

〔A〕スミスは、モンテスキューとヒュームの継承者でした。

古来から「徳か富か」という二分法のもとで、商売（富と奢侈）のもたらす悪影響は"徳を減退させる"とおそれられてきたところ、モンテスキューそしてヒュームは、商業や経済的豊かさが倹約、節約、中庸、深慮、平静、秩序そして正義をもたらしてきた、と説きました。

モンテスキューは、彼の『法の精神』の第20編において、㈠商業は平和な秩序をもたらすこと、㈡**商業のエートスこそ正義の感覚を人びとに植え付けること**、㈢**商業は国制と関連していること**等を説きました。

ヒュームもまた『市民の国について』において、商業が優れた秩序と優れた統治を、また、それらとともに諸個人の自由と安全とを徐々にもたらすことを論じました。

スミスは、これらの思考を基礎としながら、市民社会における人間の交易活動のなかに、おのずから姿を現す「正義にかなう法と政治」を論じようとしました。

〔B〕　ヒュームと同様に、「正義」を経験的に把握することに努

めながら、ヒュームとは逆方向で「正義」に接近しようとしたのが、A・スミスでした[78]。

ながく英国においても、歴史研究家としてのみ知られたヒュームでしたが、"実のところ、ヒュームは自由主義的な経済理論家ではないか"とヒューム理論を真剣に再考したのが、スミスでした。

スミスは、これまでの理論の流れには、モンテスキューに代表される歴史的方法に依拠するものと、ロックに代表される自然法に依拠するもの、という対立する二派があることを知っていました。もちろん、ヒュームは前者に属します。

スミスにとっては、ヒューム同様、市民社会が人びとの契約によって成立するという「先験的理性主義」は受容できない理論でした。スミスによる批判のターゲットは、ロックの自然権・社会契約論に向けられました。

彼は、ヒュームに習ってこう考えました。

"理性とは正邪に関する知覚だ"とこれまで考えられてきたのは、「人間本性についての抽象科学が幼年期にすぎなかった」ためである。正邪に関する知覚は、人間の道徳感情を起源としている。自己

---

[78] スミスはこういっております。「従来ほとんどつねに隣人とは戦闘状態にあり、領主にたいして奴隷的従属状態におかれて暮らしていた農民住民のあいだに、商業と製造業は徐々に秩序と善政をもたらし、それとともに個人の自由と安全をも、もたらした。この点は、ほとんど注意されていないのだが、商工業がもたらした諸結果のなかで、もっとも重要なものである。私の知るかぎりでは、従来この点に着目した著述家はヒューム氏ただ一人である。」この部分の引用は、大河内一男監訳『国富論Ⅰ〜Ⅴ』のうちの第一巻53頁（中公文庫、1978年）によっています。

ヒュームの「市民社会論」からスミスのそれへの展開については、今村仁司『近代の思想構造』115〜125頁（人文書院、1998年）が鋭い分析を見せています。また、ロザンヴァロン・前掲注（6）訳書『ユートピア的資本主義』49頁以下も参照されるべきでしょう

と他者関係を規律する感覚は、無限に反復される人と人との関係のなかで各人に習得されていくのである[79]。

〔C〕 この関係に登場するのが、「公正な観察者」と「同感」(共感)の原理でした("人間が正邪という道徳的判定をなすのは、理性を通してではなく、感情の交流を通してである"と「同感」について既にヒュームが語っておりました。スミスは、この点をヒュームに学んだようです)。

「公正な観察者」が、ある行為について憤慨という「同感」を当然に覚えるとき、「自然的正義 (natural justice)」が浮かび上がる、とスミスはいうのです。彼が、「自然的正義」というとき、それは、自然法思想家のいう「自然的正義」とは決定的に違っております(彼のいう「自然的」とは、ヒュームと同じく、非人為的という意味です)。正義は、人間という主体がもっている本性のなかに内蔵されてはおらず、人との交わり(第1章でふれた social desposition＝人と交わろうとする気質)のなかに浮かび上がるのだ、とスミスはいうわけです。それも、功利的な計算の結果ではなく、ナチュラルに、です。

スミスのいう「自然的正義」は、自然法思想批判ばかりでなく、理性自然法主義者のいう「人為的正義」論批判の意味も込められています。

同感という感性上の要素は、行為の関係者 (XとY) を超えて、「公正な観察者」(N) をも巻き込んだ、間主観的構造を先取りしております。この構造に気づいたとき、私たちは、正義や権利の基盤

---

79) 前掲注 (7) およびその本文参照。

が人間主体の本性にあるわけではなく、間主観的構造のなかにある、と確信するでしょう。

　このようにスミスは、人間は自由な行為を反復するなかで正邪感覚を獲得するものだ、と考えたのでした。正邪感覚は人の自由な行為への不当な強制を消去する方法（消去法またはネガティヴ・チェック）を習得するによってみがかれる、とスミスはそのプロセスまで考えたのです。彼は、正義を基礎づける道徳哲学の体系を作りあげることを最初の課題としました。その課題を扱った著作が『道徳感情論』でした。

〔2〕『グラスゴウ大学講義』
〔A〕　ついで彼の正義論は、個別の人間がもつ道徳感情の領域から統治の領域へと展開されていきます。その点に関する彼の見解は、スミスの講義を聴いた学生が残した『グラスゴウ大学講義』に表れています。

　その講義録には、次のような記述がみられます。

「法の四大目的は、正義〔司法〕（ジャステイス）、治政（ポリース）、国家収入（リヴェニュウ）および軍備（アームズ）である。
　正義〔司法〕の目的は侵害からの防止にある。そしてそれは政府（シヴィル・ガヴァメント）の基礎である。」
「正義〔司法〕の目的は侵害からの防止にある。人びとは種々の点において侵害されることがある。すなわち、
　第1に人間として。
　第2に家族の一員として。

第3に国家の一員として」[80]。

このように、正義（司法）の目的は、侵害から人を守ることにありました。

スミスは、不正義を確実に消去することこそ国家（政府）の役割だと考えておりました。このネガティブ・チェックの反復継続がポジティヴなもの（社会的有用性）を最大化する、と期待したわけです。それは、**《正義が消極的なものにとどまるとき、市民社会における諸自由は最大化されるだろう》**という理由からです。

「消極国家」の主唱者として後世に名を残したスミスですが、その哲学的発想は決して消極的ではなく、実に積極的な意味あいをもっております。

不正義を消去するために国家の強制力が使用されてくる経緯を、スミスは歴史を振り返りながら論証しようとしました。その論証の仕方は、ホッブズやロックのような主意主義（人の合意を論拠とする思考）とは違っております。スミスは、分業と交易の市民社会において生じてくる不平等、その不平等から生ずる暴力沙汰を予防するために国家が立ち現れると考えました[81]。

この発想は、多くの点で画期的でした。画期的だという理由は、次の点にあります。

第1は、神学的・思弁的な国家論から決別しているという点で

---

80) A・スミス、高島善哉＝水田洋訳『グラスゴウ大学講義』90、92頁（日本評論社、1947年）、ただし、言葉遣いを現代風に改めて引用しました。スミス、水田洋訳『法学講義』25頁（岩波書店、2005年）は justice を「司法」と記していますので、引用文の〔 〕に司法という表記を入れました。

81) A・スミス、水田洋訳『道徳感情論』433頁（筑摩書房、1973年）参照。

す。

　第2は、「国家／市民社会」という、近代法原則の原型をはじめて樹立した点です（この点をさらに体系化したのがG・ヘーゲルであることについては、次の第II部でふれます）。これによって、「市民社会」は、アトムのような個人の総和ではなく、**分業と交易によって相互に結ばれるネットワークまたはシステムだ**、という視点が提供されました。この点は、社会契約論ではまったく解きえない課題です。

　第3は、「市民社会」または「市民」には、内面・外面の双方から一定のルールが組み込まれており、カオスではないとみられている点です。内面における組み込みを論じたのが『道徳感情論』でした。外面における組み込みは、『グラスゴウ大学講義』において論じられました。

　『グラスゴウ大学講義』においてスミスは、国家の力によって守られるべきものが形式化・定型化されたとき「権利」と呼ばれるものとなるのだ、と論じております。彼は権利を論ずることによって「最小限の正義／それ以上の道徳」の別を浮き彫りにし、慈善行為を人に強制することのない自由な国家を構想しました。

　国家が権利というレンズを通してネガティヴ・チェックを反復していると、《人間の意図を超えて》一定の秩序が姿を現わしていきます。この考えは、『道徳感情論』での「見えざる手 invisible hand」という言葉によって表され[82]、すぐ後に引用しますように

---

82) 同訳書281頁では、「見えない手に導かれて……」と訳されています。
　また、同訳書399頁には、「人間社会は、……規則的で調和ある運動が無数の快適な効果をうみだす、偉大で巨大な機械のようにみえる」との言い回しもみられ

『諸国民の富』でも繰り返されて、有名になりました。

　A・スミスが、「見えざる手」というとき、それは、①人為によって意図的に形成されたものではないこと、②組織のごとく実体として可視化できるものではないこと、③マクロ的な仮像的概念であって、ミクロ的に個別の活動に還元してもその本質を解明できるわけではないこと等を含意しております。

　こうした含意のもとでスミスは、人の経済活動は政治からも道徳からも解放されなければならない、と考えたのでした。

　この「見えざる手」は、ある目的を人為的・操作的に遂行することのほうが一般的利益に反することになるばかりか、当初の目的とは反対の結果をもたらすことを論証するための警告句でもありました。「見えざる手」は、人為でもない、自然（本来的）でもない、第3の領域を指しております。そのことを、分業と交換の原理の説明にあたって、彼はこう説明しました。

　　「こんなにも多くの利益を生むこの分業は、もともと、それによって生ずる社会全般の富裕を予見し意図した人間の知恵

ます。また、スミス・前掲注（78）訳書『国富論II』120頁参照。さらに、後掲注（83）およびその本文も参照してください。スミスは、『道徳感情論』において社会存立の前提条件を探求し、『国富論』においては、特定類型の社会構造のなかで交易する人間活動のパターンを析出しようとしました。この点については、A・スキナー・前掲注（7）訳書『アダム・スミス社会科学大系序説』15～16頁を参照してください。

　スミスのわかりやすい解説ものとしては、岩井克人『ヴェニスの商人の資本論』（ちくま学芸文庫、1992年）161頁が明快ですし、難波田春夫『スミス・ヘーゲル・マルクス』（講談社学術文庫、1993年）は、自由主義、国家主義、社会主義の思想のうねりをスミスに絡めながら見事に描く「目から鱗」の書だと私は思います。

の所産ではない。分業というものは、こうした広い範囲にわたる有用性には無頓着な、人間の本性上のある性向、すなわち、ある物を他の物と取引し、交易し、交換しようとする性向の、緩慢で漸進的ではあるが、必然的な帰結なのである」[83]。

スミスにとって統治（政治）は「人間の愚かさの領域」ですから、統治者が人為法を通して愚考を増幅させることのない「国のかたち」を彼は構想したわけです。

〔3〕『諸国民の富』
〔A〕 スミスの時代、民兵制は職業常備軍へと代わりました。みずから武器を所有し緊急時にはこれを行使できる、という可能性のうえに成立していた旧い自由の秩序が、これによって消滅するかもしれない、と道徳的な思想家たちは懸念しました（いつの世も、道徳主義者はその種の懸念を表明するようです）。つまり、社会的存在としての個人が有事における公民としての責務から解放されたとき、公事を考えなくなってヴァーチュを喪失するだろう、というモラル・ハザードが懸念されたのです。

この懸念を一部認めながらもスミスは、**《財の流通・交換を円滑になさしめる正義のルールを国家が提供しておけば、自然的自由は漸増し、それによって市民社会はますます発展するだろう》**と解答したのでした。この点については、"スミスはモンテスキューに影

───────
83) スミス・前掲注（78）訳書『国富論Ⅰ』24頁。

響された"とみることもできます。

スミスの最も著名な著作のうちの、最も有名な箇所——「見えざる手」に言及した部分——を引用してみましょう。この部分は、「市民社会はすべての人を競争相手、むしろ敵にする」と説いたルソーへの解答となっています。

> 「かれ〔個人〕は、普通、社会公共の利益を増進しようなどと意図しているわけでもないし、また、自分が社会の利益をどれだけ増進しているかも知っているわけではない。……ただ自分自身の安全を思ってのことである。そして、生産物が最大の価値をもつように産業を運営するのは、自分自身の利得のためなのである。だが、こうすることによって、かれは、他の多くの場合と同じく、この場合にも、見えざる手に導かれて、自分では意図してもいなかった一目的を促進することになる。かれがこの目的をまったく意図していなかったということは、かれがこれを意図していた場合に比べて、かならずしも悪いことではない。社会の利益を増進しようと思い込んでいる場合よりも、自分自身の利益を追求するほうが、はるかに有効に社会の利益を増進することがしばしばある。社会のためにやるのだと称して商売をしている徒輩が、社会の福祉を真に増進したというような話は、いまだかつて聞いたことがない」[84]。

---

84) スミス・前掲注（78）訳書『国富論II』120頁、ただし〔　〕内は阪本。

第6章　A・スミス──スコットランド啓蒙思想 II

　上のスミスの指摘を、シカゴ学派の泰斗 M・フリードマンは、次のように解説してみせます。

　　「アダム・スミスの『見えざる手』は、財やサービスを通貨との関係において売買するという経済活動の分野だけに関係したものでしかないと、一般に考えられてきた。しかしけっして、経済活動だけが人間の生活のすべてであるわけではない。人間生活においては、その他の多様な活動においても、多数の人びとがそれぞれに自分の利益を追求しているのに、相互に協力し、まったく意図しなかった一つの複雑で精妙な構造を結果的に生み出している」[85]。

　F・ハイエクが「自生的秩序」と呼び[86]、M・ポラニーが「自発的秩序」と称して捉えようとしたのは[87]、個々人の意図せざる結果、最近の流行語で言えば「複雑系」だったのでしょう。
　「見えざる手」の理論とは、《無数の自発的な行為が持続的に遂行され続ければ、意図せざる結果としてある秩序が生成される》という主張です。《その秩序は均衡状態に必ず到達する》ということではありません。自生的秩序は、行為者の主観を超え、行為を規範的

---

85) M&R・フリードマン、西山千明訳『選択の自由』40頁（日本経済新聞社、1980年）。同趣旨の見解について、クリック・前掲注（35）『政治の弁証』34頁を参照。
86) F・ハイエク、矢島鈞次＝水吉俊彦訳『法と立法と自由 I〔新版〕』50頁（春秋社、2008年）以下参照。
87) M・ポラニー、長尾史郎訳『自由の論理』146頁（ハーベスト社、1988年）以下参照。

に拘束さえするに至る、というわけです。

〔B〕「見えざる手」というタームを通してA・スミスが念頭に置いていた市場とは、市民社会という政治的概念を経済交易という経済的概念のなかに溶け込ませるためのキー・ワードでした。この「市場」という概念によって、スミスは、政治と哲学とを架橋しようとしたのです。だからこそ、スミスの『諸国民の富』は、経済学の書などではない、と私たちは理解しなければなりません（彼は、グラスゴウ大学の道徳哲学教授として、倫理学と法学の講義のなかで「経済」を論じたのですが、それは、今の私たちのイメージする「経済」ではないようです）。

もともと経済自体が、市場経済的な力と経済外的な要因との相互に複雑に絡み合った作用である以上、彼の視野は狭い経済学を超えておりました。もっとも、スミスは、その分析にあたって「市民社会」とか「社会」という用語によらないで、「国民」(nation) という言葉によることを好みました。それは、法的・政治的ニュアンスが過剰となることを避けるためでした。

スミス理論は、「国民」というタームを使いながら、「国家／国民」の区別を強調しました。この理論は、ロックが「市民社会＝政治社会」と両者を同一視していたことに代えて、「市場／組織」、「国家／市民社会」、「公法／私法」の原型——これらは、法学の知識におけるイロハのイです——をはじめてわれわれに提供したのです（ということは、彼の著作、The Wealth of Nations の訳としては、「国富論」ではなく、「諸国民の富」が適切だということになるでしょう）。

〔C〕 スミスは、市場における自由競争が不平等の原因となるこ

とを知っておりました。さらには、分業と商業とが発展すれば個々人の人格に悪影響を与えるかもしれない、とルソーほどではないにしても、少しばかり警戒しました。何しろ、当時の思想家は「商業／徳」という二分法のもとで、商業という情念を抑えることに汲々としておりましたから。それだからこそ、彼は、**ルソー批判のため、ルソーの『人間不平等起源論』への解答として『諸国民の富』を書いた**のでした。

《万人に平等が実現されるとしても、そのために富裕の実現されない世界よりも、その反対の市場経済のほうが望ましい》、《商業と徳とを対立させて考える必要はない》これがスミスの解答だったようです。

スミスは、人々が積極的に政治に参加して自由を獲得する政治理論に賭けるよりも、消極的自由の保障された市民社会のための社会理論のほうに賭けたのでした。たしかに、市場の働きにはさまざまな欠陥があります。が、それは人びとが失敗したり成功したりしながら、限られた知識を頼りに、みずからを市場に投企して、分業体系における適切な地位、すなわち「比較優位」を発見する装置なのだ、ということをスミスは見抜いていたようです。

〔D〕 スミスの社会理論においては、国家樹立がどのように分析されていたか、最後に振り返ってみましょう。

これまで論じてきたことからすれば、"国家は人びとの合意によって樹立された"、"その国家の樹立目的は自然権の保障にある"という命題に対してスミスが果敢に挑戦したことは当然です。

この挑戦にあたってスミスがサンプリングとして採りあげたのが、財産権でした。

第Ⅰ部　近代立憲主義のふたつの流れ──合理主義と伝統主義──

　財産権は、間主観の社会構造のなかで、いつの間にか非人格化・定型化されていった利益であって、自然権として存在するわけではなく、社会構成員の合意によって成立するわけでもない、とスミスは考えたようです[88]。「自然か人為か」という従来の接近法では解決できない、というわけです。

　この財産権の見方の背景には、ロックの財産権論を批判してみようという意欲がありありと見えます。財産権は、個人の労働から生まれ出るものでもなければ、相互承認（合意）の結果でもないのです。それは、交易または交換にあたる当事者と、それを見守る「公正な観察者」の同感を通して、非人格化・定型化されていくのだ、とスミスはいいたいのでしょう。

　国家樹立に関する彼の診断は、こうでした。

　「高価で厖大（ぼうだい）な財産ができてくると、どうしても 政　府（シヴィル・ガヴァメント）を樹立する必要が生じる。財産がないか、あったとしても、たかだか二、三日の労働の価値を超えるものはなにもないところでは、政　府（シヴィル・ガヴァメント）はそれほどなくてはならぬものではない」[89]。

　この一文は、"富める者のための国家樹立"を説く、ブルジョア的自由主義理論のようにみえます[90]。経済こそが国家の在りようを

---

88) 石井幸三「アダム・スミス『法学講義（A）』における法思想」龍谷法学16巻4号41頁（1984年）。
89) スミス・前掲注（78）訳書『国富論Ⅲ』33頁。なお、スミス・前掲注（80）訳書『グラスゴウ大学講義』107頁も参照ください。
90) マックファーソン・前掲注（23）訳書『所有的個人主義の政治理論』は、本文

決定するかのような唯物論的な臭いも感じられます。そこに気づいたのがK・マルクス（そしてマルクス主義者）でした。この点からすれば、"スミスがいなければマルクスも存在しなかっただろう"と言われることにも十分な理由があります。もっとも、戦後のわが国におけるスミス研究はマルクス主義的解釈に寄りすぎていたことに、私たちは注意したほうがいいでしょうけど。

　上の一文をマルクス主義者のように理解することは、おそらくスミスの真意に反するでしょう。スミスは、上の引用文によって、①国家樹立のモメントは社会契約ではないこと[91]、②国家の存在理由も、自然権保全といった超越論的なところにはなく、交易を円滑にさせる点にあること、③財産権は自然権ではないこと[92]、をあえて一面的に強調したかったのでしょう。

〔E〕　わが国の憲法学はスミスの正義論や国家理論を一瞥もしないままでおりました。これは不思議なことです。といいますのも、憲法学のイロハのイである「国家／市民社会」二分論の原型、市民社会における私的自治という考え方の原型は、スミスにあるはずだからです。

　　　に述べた代表作品でしょう。
91）　スミス・前掲注（80）訳書『グラスゴウ大学講義』102～105頁を参照してください。
92）　同訳書97頁では、こう論じられています（仮名遣いは、現代風に改めて引用します）。
　　「自然権 natural right の起源はきわめて明白である。しかるべき原因がないかぎり、人は彼の身体を侵害から守り、彼の自由を侵害から守る権利をもつということは、何人も疑わない。しかし所有権のごとき取得権 aquired right は、さらに説明を要する。所有権と政府 civil government とは互いに依存し合うところが非常に大きい。」

彼は、ありのままの人間を見据えながら、その権利、家族、市民社会、そして国家を考えた最初の政治道徳理論家でした。

スミスの業績について政治思想史研究家、田中正司は次のようにまとめております。これは実に的確で、スミス研究の素人である私がただただ感心して読んだ部分です。

「スミスの考え方は、正義の原理ないし社会の秩序原理を権力強制のうちにみていたホッブズ的恐怖（fear）の原理から同感原理への移行を意味すると共に、ホッブズ、ロックにおいては、個人の感情論とは切断された『理性の命令』としてとらえられていた自然法の要請の日常生活次元への定着を意味するものであったということができるであろう。スミスは、近代自然法においては社会の秩序原理ないし『市民社会』の形成原理として展開されていた『自然法』の要請を、同感と観察者の立場の理論を通して個々の市民の日常生活次元に定着させることによって、市民社会における商品交換主体のフェア・プレイの倫理を確立に導いたのである」[93]。

〔4〕 **スミス理論の特徴と難点**

〔A〕 さて、スミス理論の特徴をまとめてみましょう。

第1の特徴は、スミスは、ロック理論にみられた本性論のような、先験的で非歴史的な研究態度を明確に拒絶したことです。

第2に、スミスは、当時主流だったシヴィック・ヒューマニズム

---

93) 田中正司「アダム・スミスの正義論」横浜市立大学論叢28巻1・2合併号43頁（1974年）。

に挑戦したことです。シヴィック・ヒューマニズムとは、「徳の言葉」で人間とその社会を評定しようとする学問傾向をいいますが、スミスは、「徳」に代えて、「権利・義務の言葉」で、大きくいえば、「正義にかなう国制」を論じようとした人物です。彼は、経済学の人にとどまりません。

　第3に、正義概念を消極的に捉えた点です。彼にとって正義とは、他者の身体、財産および名声に対する加害行為を自制したり、または、これらを防止することでした。スミスは、このモデルを商業社会（すなわち、市民社会）に見出しました。商業社会において人びとは、自分の境遇を良くしたいという願望を前面に出して、「節約と良い行為」に従事するようになる、というわけです。ルソーが「人はシトワイアンとなってはじめて、ひとかどの人間になる」と言ったのに対して、スミスは「すべての人間が商品の交換によって生活しているという程度の意味で、**人は商人となることによってはじめて、ひとかどの人間になる**」と言いたかったのかもしれません。

　〔B〕　スミスの業績は多面に及び過ぎているため、そして、その著作が取り留めなく話題を展開してあちこちに話題を広げたために、後世の読者はスミスの真意を測りかねました。そのため、後世は、『道徳感情論』と『諸国民の富』とでスミスの基本姿勢が違ってきたのではないか、と論争しました。いわゆる、「スミス問題」です。この謎は、今日では解決されていると、その筋の専門家はみているようです。新たに発見された『法学講義』（通称）が両者を架橋する作品だということがわかったためです。

　それでも、彼の作品はいかようにでも解釈することが可能でし

た。特に、わが国においては、彼の理論はマルクス主義に親和的に読み解かれがちでした。というのも、一方でスミスは交換価値（または交換的正義）を重視する理論を展開しておきながら、他方で、ロック的な労働価値説を臭わしたからです。『諸国民の富』第1編第6章「諸商品の価格の構成部分について」が、その部分です。そこで彼は、あたかも、労働量が価値を生み出すかのように論じました。この部分は、マルクス主義者の注目を浴びるところとなって、労働者の疎外や資本家による搾取を予言するスミス像が作り上げられました（39頁も参照ください）。スミスの時代には、価値に関する主観性（限界効用）の理論は知られていませんでしたので、スミスを批判するわけにはいきません。批判されるべきは、労働価値説によって、労働者の私的所有権の排他性にこだわったマルクス主義者でしょう。

〔C〕 また、スミスの「見えざる手」理論は、㈎人間の公的な資質を私的な利己心へと弱体化させ、さらには、㈑政治的なるものを経済的なるものに吸収させた、ともたびたび批判されてきました。この批判も、私の目からすれば、スミス理論の誤解から生じています。㈎についてのスミスのねらいは、公共善としての「徳」の理論から解放された「社会科学」体系を樹立することにあること、「公／私」は最低限の正義において両立していることを解明することにあったのです。また、㈑については、スミス理論は経済的な論調をとっているようでありながら、実は、国制を論じたものだと理解すれば、この批判が筋違いであることはすぐに理解できることでしょう。

スミス以前の政治理論が、神の眼差しのなかで生きるべき人間と

その社会を、道徳的に説いていたのに対して、スミス理論は、**日常的で局所的な人間の経済市場での行動を通して、自然的自由のパターンを発見しようとしたものでした。**

第Ⅰ部のまとめ

〔1〕 以上、この第Ⅰ部は、「近代啓蒙思想」といわれる場合であっても、それが一枚岩ではないことを論じてきました。そこには、大きく、「スコットランド啓蒙派」に代表される立場と、デカルト的な「合理主義啓蒙派」というふたつの系譜がみられてきたことがわかりました。この違いを、本書は「伝統主義／合理主義」、「スコットランド型／大陸型」と称してきましたが、「非意思主義／意思主義」または「非理性主義／理性主義」と表してもよいでしょう。

右のふたつの系譜のうち、今日までわが国の社会理論を席巻してきたのは、デカルト以来の意思自由を機軸とする合理主義的哲学でした。

合理主義哲学の特徴をまとめますと、①人間と社会は理性による意識的な制御あるいは言及の対象として捉えることができるとする「合理主義」、②人間の行為を主体の意思に帰属させて理解する「主体（意思）主義」、ということになりましょう。

わが国の法理論体系も、合理主義的啓蒙思想の影響下におかれてきました。わが国の憲法学界も、同様に、D・ヒューム、A・スミス、F・ハイエクに代表される「スコットランド啓蒙派＝反主流の

啓蒙知」の影響をほとんど受けてこなかった、といってよいでしょう（法哲学界におけるH・L・A・ハートの影響は除きますが、それとて、暗黙知を強調するスコットランド啓蒙思想に照らしたうえで正確に理解されているかというと、大いに疑問となります。H・L・A・ハートは、《内的視点から見たルールは、個体の行為の妥当性を判定する理由となるものであって、個体の意思には帰属させえない》と説きたかったのです[94]）。

わが国の法学は、合理主義啓蒙思想の産物のなかでも、ラディカルな流れである、G・ヘーゲル、K・マルクス、ヨーロッパ大陸左派思想の影響を色濃くしているように見受けられます。彼らにとって、ヒュームは眼中になく、スミスは唾棄されて当然の存在でした。公法の学界で「市場においては、見えざる手が働いて……」などと言おうものなら、その論者は18世紀の遺物であるかのように蔑まれること請け合いです（そのことを例証するかのように、私は進歩主義憲法学者による蔑みの対象となっています）。

合理主義思想とそれを基礎としてきたわが国の法学は、政治的権力のなかに潜む救済的可能性を信じ、人びとを何千年も苦しめてきた圧制と不平等から人間を人為的に解放するための人道主義的権力に期待してきました。この期待にとっては「見えざる手」は邪魔なのです。あってはならないのです。なぜなら、この世の不適切なるものは人為的・計画的に除去されなければならないからです。

この合理主義は、古代ギリシャ以来の二分法である「必然（自然）／自由」の溝を、理性という人間の能力によって乗り越えよう

---

94) 落合仁司『保守主義の社会理論――ハイエク・ハート・オースティン』（勁草書房、1987年）がお勧め本です。

とする思想だったのかもしれません。言い換えますと、「自然／人為」というお馴染みの二分法は、「自然」のなかに、「人間の本性である理性」という意味あいを忍び込ませ、「**必然（自然）／自由**」を「**自然→本性→人間理性→自由**」という配列に転換させようとするものかもしれません。

そうなりますと、統治という人為的な活動も理性的で人道主義的であることが要請されてきます。すなわち、"統治の成否は、人びとの政治的徳性にかかっている"ということになってきます。リパブリカニズム（共和主義）の発想です。合理主義者が古代ポリスにおける人間像に言い知れぬノスタルジーを覚え[95]、私利私欲に毒さ

---

95) 加藤典洋・前掲注（2）『戦後的思考』250頁の受け売りとなりますが、"ポリス"は明るさの源を指し、"オイコス（家）"は暗さの源を表したということです。だからこそ、両者が対立するものと捉えられ、ポリスという公共的・政治的領域がオイコスという私的領域に優越する、というわけでしょう。この点については、H・アレント、志水速雄訳『人間の条件』（ちくま学芸文庫、1994年）が見事に解明してみせます。

私は、H・アレント、志水速雄訳『革命について』（ちくま学芸文庫、1995年）がフランス革命とアメリカ革命とを比較しながら、《前者は自由の創造に失敗したのに対して後者はそれに成功した》と論じたことに深い共感を覚えています。しかしながら、彼女の『人間の条件』が公共性を現代に復権させようと、古代ポリスにおける人間像を賞賛している点には賛成しておりません。アレントのごとき試みは、政治的共同体としての国家のなかに私たちの日常生活を溶け込ませようとする、政治的道徳主義のように私にはみえます。

アレントは、市民は政治参加することによって真の自由を獲得する、と論じてきた「積極的自由論者」の一人です。私は、国家は決して政治的共同体ではない、と特徴づけておりますし、私たちが政治参加することと自由でいることとは直接の関連性がない、と考えています。

国家を実体化して、その危うい実体に私たちの私生活を溶け込ますことに私が反対であること、そして、自由をどこまでも消極的に捉える理由については、拙著『憲法1 国制クラシック〔第二版〕』（有信堂、2004年）と前掲注（1）『憲法2 基本権クラシック〔全訂第三版〕』（有信堂、2008年）を参照していただければ、

れた人びとを道徳的に改造しようとしたことは、この点と絡んでおります（この点については、第Ⅱ部でも私はふれることでしょう）。"人民は私人の集合体であってはならない"、"国家内部には組織的エゴの塊となる中間団体という異物があってはならない"というわけです。

〔2〕 合理主義と伝統主義との違いをもう一度ここで確認しておきましょう。

第1は、合理主義は「自然 physis／人為 nomos」という二分法の前項に、人間の理性的能力を忍び込ませたようですが、スコットランドの伝統主義は、「自然」にも「人為」にも属さない第3の領域の存在を説いてきたのでした。

第2は、統治と被統治者に関する見方をまったく異にしている、という点です。合理主義は、統治における政治的徳性を重視しました。これに対してスコットランド啓蒙思想は、この古典的な理念に対しては常に懐疑的で、共和政体にまつわる神話（ルソー的人民主権論）を打破しようとしたのです。

では、スコットランドの思考は具体的には何を私たちに求めているというのでしょうか？

第1は、近代自然法の中心をなしてきた、自然状態と自然権の仮設を否定すべきだ、ということです。ヒュームやスミスの説いた「自然法」、「自然的自由」は、合理主義者のいう「自然法」とは意味あいを大きく異にしております。彼らが「自然」というときは、「人為によらずして、いつの間にか」といったほどの意味でした

読者の皆さんにも――賛同を得られるものかどうかは別にして――理解可能となるでしょう。

(natural law の意味とそれに相応する日本語訳については、第Ⅱ部第3章の終りの部分でふれます)。そのことは、スミスが"自然状態など存在しない"とあっさりと拒絶したことに表れています。スミスは、人間が家族の一員として、また、市民社会の一員として生活しているという日常的事実のうえに彼の社会理論を構築しようとしました。個とその意思自由をベースとする理論体系を抜け出て、家族と市民社会という生活領域にまで目を広げたのです。また、ヒュームやスミスが「法」というとき、それは「法律（実定法）」のことでは決してありません。これも「人為によらずして、いつの間にか姿を現してきたルール」というニュアンスを持っています。そして、ヒュームもスミスもこの意味での「法の支配」に万人が服するとき、誰からも強制を受けないで安全に生活できること、つまり、自由でいられること、を説いたのでした。

　第2は、国家形成原理である社会契約説に代わる別の理論体系を樹立しなければならない、ということです。この第2点は、第1の論点と関連していることはいうまでもないでしょう。別の理論体系のためには、《規範は人間の自由意思によって作られる》という意思主義（意思の自由論）ではなく、時間の流れという経験的な要素を加味する理論が必要となります（スミスは"社会契約に基礎を置く統治の理論は、ほんの僅かな人びと、ロックなどを読んだことのある人びとにのみ影響力をもつにすぎない"と述べました）。時間の流れのなかで徐々に形成される秩序は、人の意思（人為）によって革命的に変えうるものではありません。私たちの力能や知識には限界があり、この世には私たちのいかんともしがたいことが無数に残るのだ、ということを謙虚に知らなければなりません。

第3は、「人格的存在」とか「人の自律的能力」とかいった、あるべき生き方の必要条件（最適規範）から議論を組み立てない、ということです。これも、第2点と関連しております。私たちの生活は、偶然の事柄、幸運や不運さらには矛盾に取り囲まれております。偶然の幸運によって私が得た所得について、あなたが"それは人間の人格的生存にとって不要な所得だ、だから、社会的に再分配されなければならない"と言うとしたら、私はあなたの「人格的存在」性を疑います。論者によっては、人間がもっている偶然の能力は「恣意的に決定されている」と言いながら、"恣意的に獲得したものを当人の所有とすることには正当性がない"と理屈づけますが、これも最適規範に違反しない有徳なる生活を私たちに求めている点で、「共和政体の神話」に毒されているように私にはみえるのです。フランス的な伝統またはフランス革命後に、たびたび口にされるようになった「統治は民主的であってはじめて自由がある」という言い方も、共和政体の神話に毒されているようです。

　第4は、今日、「自由だ」と一言でいわれる場合にも、合理主義的な「自由」と、スコットランド啓蒙的なそれとでは、まったく意味あいが違っている、ということです。この点については、拙著『リベラリズム／デモクラシー〔第二版〕』（有信堂、2004年）を参照願えれば幸いです。

　歴史にみられてきたふたつの流れを拡大鏡に反映させれば、《アメリカ革命はJ・ロックの政治理論の影響を受けたものではない》ということも判明することでしょう。このことは、第Ⅱ部第6章で明らかにされるでしょう。

　そればかりでなく、"ロックのようなナイーヴな人間像・自然

権・社会契約の理論は、スミスに代表されるスコットランド啓蒙知によって完全に萎んでしまっていたのではないか"と疑ってみることも必要です。

　そう真剣に疑った人物がG・ヘーゲルでした。ヘーゲルは《人間の本性は道理的だ》という命題を信じませんでした。私たちの周囲で生活している人びとを見たとき、《本来的に人格的で理性的な存在だ》と自信をもっていえるでしょうか？　他者にはそうであって欲しいと要求しながら、自分は自分の利益・関心を最重視している、というのが真相ではないでしょうか？　ヘーゲルは、正直に《人間の本性は、自らの利益を最重視するところにある》とみたようです。ということは、彼にとって、近代自然法思想は到底受容できるものではありませんでした。この点については、次の第II部で検討することにしましょう。

　人間・家族・市民社会・国家、この関係についてヘーゲルは根源に立ち返って考え、悩み抜いたようです。ヘーゲルにとって、スミスはなくてはならぬ師でした。

　私たちが学ぶべきものは、ロックやルソーではなさそうだ、という勘所を得たところで、われわれは次の第II部において、立憲主義の転回を考えてみることにしましょう。

第II部
立憲主義の転回
―― フランス革命とG・ヘーゲル ――

　政治的権威は、その光を未来に投げかける過去なしには、維持できなかった（トクヴィル）のと同じように、政治哲学も過去と未来とを対照することなしには成立しがたいだろう。
　　　　　　　　　　　　　　　　　　　　　H・アレント＊

＊志水速雄訳『革命について』（ちくま学芸文庫、1995年）181頁から。

　フランス革命の立場からする過去の否認と復古の立場からする現在の否認とは、これまでの由来とこれからの未来との歴史的な断絶を前提としているという点では同一のものなのである。
　　　　　　　　　　　　　　　　　　　　　J・リッター＊＊

＊＊出口純夫訳『ヘーゲルとフランス革命』（理想社、1971年）52～53頁から。

はじめに——歴史の節目で

〔1〕 戦後憲法学のひ弱さ

〔A〕 第Ⅰ部では、戦後憲法学の基礎が予想以上に弱々しかったのではないか、という視点から、近代啓蒙思想を振り返ってみました。私が"弱々しかった"と感じてきた理由は、戦後憲法学が「自然状態」、「自然法」、「自然権」等の語義転換に神経質でなく、他の学問分野では常に論争の的となってきた、「市民」、「市民社会」、「政治社会」、「国民国家」といった基本概念を曖昧にしたまま使用してきた点にあります。

すべての意味で歴史の変わり目にあるわが国が構造改革を求められているのも、戦後憲法学の思想の弱さに気づかれてきたためではないでしょうか？

わが国のかたちを考えるにあたっても、国民国家、市民社会（市場）、家族、個人等の概念について根本から再検討したうえで、国家の存在理由を考え直すことが必要なようです。これまで憲法学は、近代立憲主義にとって重大な意味あいを持っている「国民国家／市民社会」という枠について深く検討しないまま、いきなり、個人と国家の対立について考えてきたように私にはみえてなりません。

「国民国家／市民社会」の別は、「公的領域／私的領域」、「政治的

領域／私的領域」とも言い直されます。この二分法は近代立憲主義の骨格をなしています。法学においてたびたび援用される「公的」、「公共的」というキー・ワードも、もともとはこの二分法に依拠しています。ところが、これらが一体何を指そうとしているのか私たちに皆目わからないのは、その出発点である「国民国家／市民社会」の分析が不十分なためではないか、と私は考えております。なかでも、憲法学と法学は、市民社会（市場）と家族に関してはさほどの関心を払ってこなかったようにみえます。特に、市場と市場における法（市民法）に関して憲法学が関心を払うとき、第Ⅰ部「はじめに」でもふれたように、それはネガティヴな目でみようとする傾向を示してきました。

〔B〕 経済市場に対するネガティヴな見方は、自由と平等の捉え方、両者の関係の見方と関連しています。わが国憲法学は、自由も平等もともに「人権」であり、「人間の人格価値不可侵原則」の内実だ、と捉えていますので、「人権」を総論的に語るときには、両者の対立を説くことはありません。憲法学が、自由の序列を口にし始めるのは、「人権の限界」として扱う「公共の福祉」を論ずるときです。

あのルソーでさえ、"公共の福祉という口実は人民にとって最も危険な禍である、というのも、この口実のもとで、人民は公正に扱われなくなるからだ"と述べたといいます。私は、「公共の福祉」にいう「公共」とは、誰にとっても（publicにとって）を意味していると理解しています。ところが、わが国憲法学は、"農民を保護することが公共の福祉だ、""零細事業に携わっている者を保護することが公共の福祉だ"と特定可能な集団の利益擁護を、公共の福祉の名で強調しています。公共の福祉とは、実質的な公平を実現す

るための法理だ、というわけです。「実質的公平」という漠然とした概念では、漠然とした公共の福祉を解明したことにはならないはずですが、多くの憲法学者は「実質」の中身をこれ以上追究しようとしません。それどころか、実質的公平という用語は、実質的平等と言葉にいつの間にか転換されて、さらには、機会の平等についてまでその実質を問うようになってしまいました。

〔2〕 平等概念の拡散
〔A〕 もともと equality of chance とは、運や偶然に賭けてみるさいに、誰もこれを妨害しないこと（take a chance することに対して、誰も妨害しないこと）をいいます。運または偶然を意味するチャンスを「機会」と日本語に訳出して「機会の平等」を口にすると、"有利な機会に恵まれているかどうか"と問い直されがちとなります。この場合の「機会の平等」は、「条件の平等」を指すものへと変質してきます。

語義に忠実な意味でのチャンスとは、"運を天に任せること"であって、人びとのおかれた条件や結果を捨象するところに成立しているはずです。ところが、「機会の平等」となると、たとえば、"学校の受験における機会の平等は、親の資産・財産状況によって大きく左右されている"という言い方を正当化してしまいます。チャンス（偶然・運不運）をランキングして、これを人為的に操作することは不可能であるばかりか、不当であると私は信じていますが、わが国の「機会の平等」論は、結果が判明した後に、望ましい結果達成のための条件（確率）を、あと智恵でランキングする理論となっています（"学校受験に当たって、親の資産に恵まれている子どもと、

そうでない子どもとは、平等なスタートラインに立っていない。このことは、年収別の合否の率をみればわかる"というように)。成功の確率が高くなるよう法的に工夫することが「実質的平等」の意味であるようです。

　チャンスの平等の対偶概念は、「結果の平等」です。

　リバタリアンや古典的自由主義者は、憲法でいう平等保護条項は、原則として、《チャンスの平等を保障しはするが結果の平等までは保障してはいない》と考えています。というのも、もし憲法が結果の平等まで保障しているとすれば、それは、自由の保障体系と両立しなくなる、と彼らは考えているからです。

　これに対して、わが国の「機会の平等」論は、上でふれましたように、機会（条件）の中身をランキングしている、といってよいでしょう。これは、「機会の平等」と「結果の平等」とを表裏一体化するものであって、自由と平等（なかでも結果の平等）との対立をぼかしてしまいます。さらにここに「実質的平等」概念が挿入されてきますから、論点はますます不鮮明となります。

　先に例として挙げた、零細業者の保護政策が公共の福祉を満たす、という主張は、（日本的）機会の平等＝実質的平等というロジックで正当化されてきました。

　こう考えてきますと、《自由と平等とを同時に実現することは困難なことではないだろうか》とか《自由・自律という概念は自己責任という概念と関連しているのではないだろうか》といった課題が浮かび上がってきます。

　そればかりでなく、《国家は、経済市場がどのような事態に立ち至ったときに介入できるのだろうか》とか《国家の正当な役割は何

はじめに──歴史の節目で

であるのか、何ゆえ私たちは国家のなかで生活するのだろうか》といった根源的な問にもぶちあたることでしょう。

これらの論点は、経済学者だけでなく、哲学者、法学者、政治学者等もこれまで真剣に考えてきた事柄でした。が、特にわが国についていえることですが、戦後の思想家たちの解答は、「経済市場の性悪説」、「精神的自由の規制における国家の性悪説／経済的自由の規制における国家の性善説」に偏りすぎておりました。つまり、"経済市場は弱肉強食の世界であり、貧富の差を拡大するから、国家が介入して望ましい秩序を市場の外から与えてしかるべきだ"という言い古された考え方がこれです。

〔B〕 ところが、望ましい秩序を設計的に創造しようとして基幹産業を国家が所有したり管理すればするほど、雇用者または監督者としての国家がもつ統制力は被用者に対して強くなっていく、というのが実相でした。そのことに気づかれ始めたのが、国鉄や電電公社の民営化のときであり、はっきりと例証されたのが社会主義国の自己崩壊のときでした。国有という形態であれ公有という形態であれ、重要な産業における雇用者数が少なくなるとき、そこに国家権力を背景とする独占という権力が幅をきかせたわけです。

もちろん、国有化・公有化された企業が予想以上に非効率で消費者の利益になっていない、という側面も実際に顕在化しましたが、ここで私が問題にしたいのは、国有企業や公有企業が経済的にみて効率的かそうでないかといった視点ではなく、これらが私たちの自由の総量を少しずつ削減していきはしなかったか、という点です。私がここで「自由」というとき、それは他者に強制されることなく、自律的に自分の生活目的とその実現手段を選択することを指し

ています。そして、《その自由は選択後のリスクの引き受け、すなわち、自己責任とセットとなっているはずだ》ということもここに含意しております。このことを私はこれまで自分の書き物を通して強調してきました。

国有企業がその事業に失敗したとき、それは破産することはなく、国家の財産（公的資金）によってその赤字部分は埋められることでしょう。この企業は国家が命令したことを実行するわけですから、ここには、自律的選択とリスクの引き受けがありません。企業が失敗しても、それは命令の失敗（国家の失敗）ですから、リスク回避者にとって実に好都合の国家構造です。

これに対し、自由な国家における人びとは、リスク回避者であってもよく、リスク・テイカーになることも許されております。日々の生活においても、われわれは、ある事柄においてはリスク回避者となり、別の事柄においてはリスク・テイカーとなっている、というのが真相でしょう。起業家は、まさにリスク・テイカーの典型例でしょう。その種の人が相対的に多数存在するということは自由にとって重要だ、と私は信じております。

私は、今「自由にとって」といいましたが、それは、何も経済的自由（富の蓄積）にとって重要だ、というだけにとどまりません。ある分野で先頭を走っている人は、同時代の人びとにとっても、後世代の人にとっても、生活のすべての側面についての役割モデルとなるのです。それは、国家の手を借りないで自己実現しようとする人のモデルなのです。

リスク回避者に徹しながらも、"人に値する生活"が国家によって保障されることを知っているとき、人びとはどのように行動する

でしょうか？　これが「モラル・ハザード」と称される問題点です。

〔C〕　社会主義は、人びとの自由を失わせたばかりでなく、経済成長にも失敗して、崩壊しました。人びとに明るい夢を与えてきた「福祉国家」も行き詰まってきております（私の勝手な予想では、"これも失敗だった"と明言される日が来ることでしょう。もっとも、社会主義の失敗と同じように、"理念としては間違っていなかったが、制度設計の段階でうまくいかなかった"といわれることでしょうけど）。

財政政策においても、国家が総需要を創出し景気調整するケインジアン政策も、"失敗だった"と明言する経済学者も増えているようです（この経済学者は、金融政策を通しての景気調整のほうが遥かに効果的だ、と考えているようです）。

社会主義についてはもちろんのこと、福祉国家に対しても、ケインジアン政策に対しても、さらには、社会民主主義に対しても、常に異議申し立てをしてきたのが古典的リベラリズムでした。

〔D〕　私が専門としております憲法学においては、残念ながら、古典的リベラリズムの影響は皆無だと言っていいでしょう。なにしろ、憲法学（いや、法学全般）は、古典的リベラリズムが死滅した、という前提のもとで「国家と市民社会」を論じてきました。私も、学生時代にそう習いましたし、市場にあふれている憲法教科書を手に取ればそれらは、ほぼ例外なく、19世紀が自由放任経済であったこと、それが機能しなかったこと、現在でも市場が貧富の差を増幅していること等を論証なく述べております。

国家の正当な役割が見直されている今、この第II部の冒頭に引用したアレントの金言に倣って、政治哲学の過去と未来を見つめながら、もう一度立憲主義の意義を嚙みしめることが必要でしょう。

第1章 「国家／市民社会」のゆらぎ

〔1〕 市民社会の中心テーゼ

〔A〕 少々長文の引用となりますが、次のふたつの見解、AとBとを比較対照してみましょう。

> **見解A**：「立憲国家論において権力制限のために採用されてきた工夫は、通常『国家と社会』といわれる、公的領域と私的領域とを分離することであった。……市民社会を擁護することが、自由や財産に対する個人の権利という個人主義の考え方を発展させた。……
> 　市民社会の思想の中心的テーゼは『個人の自立、その中心命題たる個人の尊重』であった。とうぜん、これは、個人の領域と公的法過程の領域とのかなり明解な分離を要求するものであった。法は市民社会の自由と権利の保護手段でなければならなかった。」

> **見解B**：「伝統的な理解は、《国家》と《社会》の区別から出発し、現存する統一体としての国家を、現存する多元的存在としての《社会》から切断して対置する。このような二元主

義は1918年以前の前民主主義的な自由主義の諸観念に根ざしており、それらは、君主制の政府および官僚機構の中に具体化された国家権力と、政治的決定や形成からいたるところで閉め出された《社会》との関係の表現であった。そして社会生活は原則として自ら規律したのに対して、《国家》は社会の自己法則的な過程の前提条件を保障し、支障のあるときに介入すればよいというものであった。

　しかしこの二元主義の前提条件は、現代の民主的・社会的国家においては失われている。《社会的》生活は国家による組織的・計画的で責任ある形成なくしてはもはや不可能である。また民主的《国家》は《社会的》協働の中ではじめて設立される。」

　上の見解Aは、イギリスの政治哲学者のもの[1]、見解Bはドイツの憲法学者のもの[2]です。前者は本書で次第しだいに論じていこうとする「古典的リベラリズム」の立場であり、後者が「修正リベラリズム」すなわち社会民主主義の立場だ、といって間違いではないでしょう。もっとも、「社会民主主義」が何であるのか、それに解答すること自体が大問題でしょうが、私は《社会民主主義とは、見えざる手によって動いている市民社会を、国家という見える手によって、よく秩序づけられたものへと人為的に、議会制定法を通して変革しようとする思想だ》とみております。

1）　A・ヴィンセント、森本哲夫監訳『国家の諸理論』147頁（昭和堂、1991年）、ただし、訳文は一部修正しています。
2）　K・ヘッセ、阿部照哉他訳『西ドイツ憲法要綱』9頁（日本評論社、1983年）。

この第II部で私は、G・ヘーゲルが《市民社会の上に人倫国家をそびえ立たせて、欲望の体系である市民社会の解毒剤としよう》と、なぜ構想したのかという論点にふれますが、社会民主主義者はこのヘーゲルの発想をねじらせて、《カオスとなりがちな市民社会の上に、民主過程を通して、望ましい協働社会をそびえ立たそう》と考えたのでしょう（ちなみに、社会主義者は《国家の上に社会をそびえ立たせて、国家を社会に完全に従属するものとしよう》と考えてきたと私はみています。もっとも、社会民主主義や社会主義者のいう「社会」が正確には何を指すのか、私は理解しかねておりますが）。

　〔B〕　この第II部が次第に明らかにしていくように、G・ヘーゲルは近代啓蒙思想を批判したさい、国家と個人の他に、家族と市民社会という構成要素があることを忘れてはならぬと警告しておりました。また、国家があってはじめて権利があること、制度的支えを欠いた抽象的権利を語るべきではないことも、ヘーゲルの警告のなかに含まれています。

　わが国の憲法学は、国家と個人の対立においては、第I部でみたホッブズ流の発想に一方ではよりながら、他方で、その調整の局面においては、ロック流の発想によってきた、といえるでしょう。そのため、わが国憲法学は、ヘーゲルの提起した論点を真剣に考えなかったか、さもなくば、マルクス的手法によってその論点をすっ飛ばしてきたか、のいずれかのように私にはみえてなりません。この間隙を埋めることが求められているようです。

　とはいうものの、何を手がかりにして、〔国家‐市民社会（市場）‐家族‐個人〕の概念とその相互関係を再検討すればいいのでしょうか？

《その鍵は「市場」の見方にありそうだ》というのが私の勘所です。

国家と市場との関係、それぞれの役割分担に関する論議は、ながくリベラリズムの最も手慣れた論点でした。

リベラリズムは、私利私欲という私的利益と公共性とが両立するものかどうか真剣に考え、ある時期まで、「両立可能だ」との解答を人類に提供してきました。古くはホッブズがそうですし、マキアヴェリもある意味ではそうでした。なかでも、D・ヒューム、A・スミスは、積極的に「両立可能だ」という解答を体系的に与えた人物でした。これからみていくG・ヘーゲルも、近代における最大の難問、私利私欲と公共性問題について真剣に悩んだ哲学者でした。もっとも、ヘーゲルを"リベラリスト"と呼ぶわけにはいかないでしょうけど。

人間の利己性と利他性との調整方法を、歴史上の思想家たちはさまざま提案してきました。リベラリストと称される人びとが示してきた処方箋に多様なものがみられるのも致し方のないことです。

〔2〕 市民社会の見方

〔A〕 多様なリベラリズムがこれまで存在してきたなかで、リベラリズム内部での対立を決定づけてきた要因がいくつかあります。その分岐・対立に影響してきたものは、哲学上は、認識論や存在論の理解のしかたでしたし、政治学上は民主政の評価の違いでした。なかでも決定的な要因は、市民社会の捉え方やその評価の違いにありました。

市民社会にみられる自律的な動き、すなわち、私的自治の原則に

期待を寄せ、可能な限り国家による市民社会への介入を排除しようとしてきたのが、古典的リベラリズムです。

ところが、20世紀初頭から1970年代までの英米のリベラリズムは、この"リベラリズム"とは違って、市民社会を否定的に見るようになりました。"市民社会とはブルジョアの社会だ"、"経済的地位の格差が人間の自由を抑圧する一因となっている"と見たわけです（この"リベラリズム"を私は「修正リベラリズム」と呼んで、これまでの「古典的リベラリズム」と区別しております[3]。「修正リベラリズム」が、なぜ、「古典的リベラリズム」に批判的となったのか、という点についてはすぐ次の章で述べます）。この修正リベラリズムは、古典的リベラリズムとは違って、私利私欲を排したところでなければ公共性は成立しない、とみる傾向を次第に顕著にしていきました。

"経済市場は私利私欲を実現するための場だ"、"自由主義は資本主義でもある"という見方に影響されて、英米のリベラリズムは、資本主義体制がもたらす諸々の弊害を除去したり、防止したりする救世主の役割を国家にもたせようとしてきました。ある時期以降の英米のリベラリズムが"自由主義ではなく、社会民主主義のことだ"とよくいわれるのは、こうした背景があるからです。

〔B〕 20世紀最後の数10年間には、英米のリベラリズムは急旋回をみせました。「弱者」にとって救世主と目されてきた国家権力が自由を抑圧する原因であること、「弱者」をいつまでも弱者として国家規模で保護すればするほど弱者の能力は活かされないこと、国

---

3) 私がこれを「修正リベラリズム」と呼んでいることについては、阪本昌成『リベラリズム／デモクラシー〔第二版〕』7頁以下（有信堂、2004年）を参照願えれば幸いです。

家からの利益を引き出そうと、有力な組織が「弱者」を名乗ってレント・シーキング（平たく言えば、物取り合戦）が幅をきかせてきたこと等々、次第に気づかれてきました。

　この勢いをかりて、経済市場こそ自由のシンボルであると説き始める論者がリベラリズムの内部でふたたび台頭してきたのです。「新ネオ」自由主義といわれる立場がこれなのです。「新」自由主義は、実は、新しくもなく、古典的リベラリズムの復活だ、というべきでしょうが。

〔3〕　市民社会の欠如？
〔A〕　以上の話は、西洋における展開をザッとスケッチすることを通して、日本の状況と対照するためのイントロです。

　わが国の理論状況はといえば、戦後一貫して、私利私欲と公共性という対立・調整問題をすっとばしてきた感があります。この対立・調整問題は、角度を変えて見れば、《国家と市民社会との関係をいかに捉えるか》という論点でもあります。戦後の憲法学は"スミスやヘーゲルが取り出して見せた、国家と市民社会という古色蒼然たる二元論は、日本国憲法の採るところではない"、"日本は、ドイツと同じような社会国家だ"と片づけてきた感があります。

　社会国家とは、現行のドイツ基本法が国家原則として標榜するGesellschaftlicher Staatの日本語訳です。ここでいわれる「社会」の原語がGesellschaftであるところがミソです。私たちは「社会」といわれれば、Societyを思い起こします。Societyまたはその形容詞socialという単語がまた曲者でして、日本語の「社会」では本来のニュアンスが出ていない、と私は感じてきています。

Society または social とは、**完全性に向かう人びとの集まりまたは行為の過程**をいいます。これらは、人びとが社会化されて道徳的・人格的になる、というニュアンスをもっています。この「社会」には、ちゃんとした規範があって、構成員は成長するに従ってこれを習得して一人前の人間になる（社会化される）、という感じです。本書の第Ⅰ部では、自然状態と社会状態という2段階のうち、どちらの状態が人間の本性を表しているか、という合理主義的啓蒙思想家たちの論争を紹介しました。ドイツにおいては、ヘーゲルの影響でしょうか、人間は共同体において社会化すなわち道徳化され、道徳化されれば、人は自由の最高置――個々人の合理的意思が社会秩序とピタリと合致して、個々人が理性と正しさのなかで生活する段階――に到達することができる、と強く期待されています。ルソーの焼き直しですね。

〔B〕 社会国家をドイツ語表記するとき、Sozial Staat としてしまえば、社会が国家だということになって、ヘーゲル以来の思考枠である「国家と市民社会の二元論」を完全にはみ出しますし、おまけに社会主義国家を連想させますので、こう表記することはできません。そのうえ、Society または social とは、上でふれましたように、行為の過程を表す言葉ですから、国家の構造を表わすには適切な用語ではありません。これに代わる、実に適切なドイツ語が Gesellschaft なのです。なぜ適切かといいますと、これは、第1に、**相互依存性をもつ存立構造**を指しますし、第2に、非有機的でありながらも、文化的類似性をもつ人の集まりを表すことばですから。ドイツ憲法学が、国家をもって「政治的共同体」と言い表すのは、social という意味合いと一部重なり合う gesellschaftlich な国

家に憧れを抱いているからでしょう。Gesellschaftlicher Staat が実現できれば、「私人」のかたまりとなりがちな市民社会を政治的共同体でもって包み込むことができるという期待だ、と私は分析しています。私人を社会化し同質化すれば、市民社会と国家とがうまく架橋される、ということでしょうか。なにしろ、ドイツ公法学の伝統的思考によれば、社会も国家も、人びとの非私的な集まりですから、どちらかにひとひねり加えれば、共同体あるいは協働体となる、というわけでしょう。

〔4〕「国家／市民社会」のねらい

〔A〕「国家／市民社会」という二分法は、《両者の規律原理は異質であって、簡単には架橋できはしないこと》をいいたいための簡略な言い方であって、その根本的発想は、実に深い、と私はみています。それは、こういうことです。

まず、前項の国家の捉え方ですが、ここでいう国家とは、統治のための機構または組織体であって、共同体のような、同質の人の集まりではないということを指しています。この点を分かりやすくするためには、国家に代えて、政府（Government）をイメージすればいいでしょう。やや難しくいえば、上の二分法にいう国家を、civitas ではなくて、status と捉えれば、市民社会との違いが鮮明になるでしょう。もっとも、伝統的でオーソドックスな「国家／市民社会」二分論は、双方ともに人的組織体だ、と捉えていたようで、私が「国家を status と捉えれば」といったのは、両者の違いを最も鮮明にするための操作にすぎません。

他方の市民社会は、共同体または協働体といった人の集まりイメ

ージではなく、それぞれ**異なる人生目標をもった無数の人びとが織りなすネットワークまたはシステム**だ、と捉えられるべきです。人間の集合体にみられる結成目的から超然として（目的を意思ももたず）、時間の流れとともに常に変動し、均衡と不均衡を繰り返す全体としての動き、これが市民社会だ、と捉えるのが適切でしょう。「社会」と表現されますので、これを耳にしたとき、私たちは何らかの組織体を連想しがちですが、そうではなく、あるひとりの行動が無数の人びとの行動に影響を与えて形を変えていくシステム、これが市民社会だ、と捉えればよいでしょう。具体的な個々人の行為を観察すること通して、無数の人びとの行為をマクロにまとめあげたときに浮かび上がるゲシュタルト、といった感じです。このシステムまたはゲシュタルトを人為（国家意思）でもって一定パターンに閉じ込め共同体または協働体へと変質させることはできません。なにしろ、市民社会は実体ではないのですから。市民社会は機構ではありませんし、組織でもありません。市民社会は、目的をもっていませんし、意思ももっていません。それは、有機体でもなければ、目的集団でもありません。第Ⅰ部の第5章でふれたように、スコットランドの啓蒙知が説いてきた、本来（自然）的でもなければ、人為的でもない、生成という時間の流れのなかで現れてきた第3の分野、これこそが市民社会です。これは、意思や目的とは無縁の領域だ、と考えるのが妥当でしょう。

〔B〕 さて、私は、国家が機構であり、市民社会がシステムである、と述べてきました。機構である国家は、人の組織体、すなわち、位階構造をもって指揮命令の系統で活動します。これに対して、市民社会は組織でも機構でもなく、位階構造をもっておりませ

ん。歴史的にも、身分制社会に見られた位階構造を打破したところに市民社会が成立したことを考えれば、このことはすぐに了解できます。《市民社会は位階構造ではなく、指揮命令や管理運営の系統をもたない》という規律原理が、私法として発現します。国家の任務は、当事者の自由な意思によってルールをつくりうる私法を整備することにあります。言い換えれば、国家の任務は市民社会における交換的正義を維持し実現することにあります。他方、《国家は位階構造をもつ機構である》という規律原理が、公法として発現します。公法は、ある組織における構成員の地位身分を決定し、特定の組織目的を実現するための指揮命令および管理運営系統を定めます。法学における「公法私法の二元論」は、国家と市民社会のかような異質さを基礎としています。

　残念ながら、私のような「公／私」「公法／私法」の捉え方は、わが国の社会科学に浸透していません。

　私が一目も二目も置いているH・アレントは、市民社会を生殖と労働の「場」として、公的領域を公民として公然と討議し政治参加する「場」として、それぞれ特徴づけています。わが国の政治哲学者や社会科学者も、政治的領域を、空間だとか圏だとかいうイメージで捉えようとしています。「場」であれ、「空間」であれ、はたまた「圏」であれ、いずれも、私的なものと公的なものとの質的な違いを鮮明に浮かび上がらせることはありません。それどころか、いずれも、現実の市民社会をある力をもってして規整し浄化しようとする論調となりがちです。その力とは、たとえば、J・ハーバーマスのいう道徳的で実践的な対話・熟議という人のコミュニケーション能力であったり、J・ロールズのいう正義を理解する能力

であったりします。これらは、人間の叡智をもってすれば市民社会を統御できる、と考えているのでしょう。私も、そうできるものであれば、そうしたいと希望します。この希望は、おそらく、永遠に実現されることはないでしょう。市井の人は、長期間かけて熟議するコストを支払うだけのエネルギーも時間もありません。それだけでなく、熟議が合理的な政策選択をもたらすことはないでしょう。熟議の結果、議会や大統領や前衛党に一任するとされることもありえましょう。また、熟議という名で、集団的決定の対象とする項目を多くすればするほど、自由領域は狭められていきます。以上の点は、前半の第Ⅰ部でルソー理論を紹介した箇所でも論じました（72～74頁を参照ください）。

　現代の道徳主義者は、さすがに、ルソーばりに、立法者の力を借りて人の内面まで私人を道徳化しようとはしないでしょう。が、人の合理的なコミュニケーション能力にしても、正義を理解する能力にしても、これらの力に期待して、市民社会をあるべきパターンに変換しようとしている点では、これらの論者もルソーの弟子です。市民社会は、あるパターンへと鋳造できない、システムだ、と私たちは割り切るべきでしょう。市民社会のうち、"声の届く範囲"つまりミクロ部分は人為で徐々に修正していけるものの、その全体を人間の知識で設計主義的に作り替えることはできません。

〔C〕　実際、"わが国には市民と市民社会という歴史展開が抜け落ちている"という主張は、戦後一貫してみられました。"「国家／市民社会」という西洋的分析枠はわが国の歴史と現実に無縁である"、"日本社会は公と私の対立以前の問題状況にある"といいたいのでしょう。このやや自虐的な市民社会評論は、現実にみられる

「市民」をブルジョアだ、と捉えたうえで、あるべき「市民」像に依拠しているのです。

　こうした論者のいう「市民 citizen」は、普遍的な人権主体としての人格であることを超えて、《積極的な政治参加を通して自由を獲得しようとする個人》という西洋における合理主義の説いてきたイメージです。そればかりでなく、この「市民」は、《本質的に不合理な国家権力に対抗する近代化の担い手》として描き出されております。「不合理な国家／合理的な市民」というお馴染みの図式です。

　これとは別に、ある学派は「市民」、「市民社会」を「ブルジョア」、「ブルジョア社会」だと決めつけました。この「市民」または「市民社会」の用法は、あるイデオロギーに特有のバイアスをもったものでしたが、〔絶対主義→市民革命→プロレタリア革命〕という流れを現実のものとするためには、"わが国には市民と市民社会という歴史展開が抜け落ちている"という上の主張は好都合でした。

　本来は、思想潮流を異にするはずの憲法言説が、奇妙にも、"わが国には市民と市民社会という歴史展開が抜け落ちている"とみる点では共鳴しあいました。実際に市井にみられる人びとは、私生活中心主義の「私人」ばかりだ、というわけです。文化人たちが、"日本人は経済的に豊かとなったが、精神的な豊かさに欠けている"と陳腐な論評を繰り返すとき、それは憲法学の潮流とまた共鳴しあいました。

　こういう色合いをもたされた「市民」ですから、《公共性は私利私欲を排したところに成り立つ》という理論が思想界のみならず憲

法学界を席巻するだろうことは想像に難くありません。私の目から見れば、「市民」なんて曖昧な存在なのだと内心では警戒している人びとのほうが、「国民の権力」と「国家の権力」とを対抗させて、"私は国民のほうに賭ける"などと公言してきたようにみえます。国家の権力は、彼らにとってどこまでも悪なのです。この勧善懲悪のストーリーは世に受け容れられやすいものです。

経済市場は私利私欲の体系であり弱肉強食の場だ、と決めつける論者にとっては、市場も国家に負けず劣らずの悪役です。「人民」は、独占資本からも、国家権力からも解放されなければならない存在でした。ここには"近代化されていない日本"という自虐的なニュアンスも込められているようです。

〔D〕 私は上の〔A〕で「社会」の意義を論じました。そろそろ「市民」のニュアンスにふれたほうがいいでしょう。Citizen を「市民」と訳出したのでは、日本語として上のような意味あい・見方を伝えきれていない、と私は感じておりますので、「公民」という言葉によることにしています（その理由や背景は、41頁でふれています）。

「公民」と表現することによって、はじめて、①自分の利害ばかりを考えないで公事に関心を寄せている点で「私人」ではなく、②政治に積極的にコミットしていく点で無関心な「庶民」または「大衆」の一員とは違っており、③近代化の担い手となりうる自覚的な存在であるという点で国家に取り込まれた「国民」でもない、というニュアンスが伝わることでしょう（中学社会科の教科書が『公民』となっているのは、単なる偶然ではありません）。

こうした「公民」観が強調されるとき、《市民（公民）からなる

社会とは、人間の尊厳と平等な権利を相互承認する、よく秩序づけられた社会関係をいう》とイメージされてきます。

　このイメージは、第Ⅰ部でみたA・スミス以来の、古典的リベラリズムにみられてきた定義とは大きく異なっていること（意図的に転義されてしまっていること）に、読者は既にお気づきでしょう。伝統的には私的自治の領域を指したはずの「市民社会」が、《公事に関心をもつ公民の社会》に変えられているのです。ルソーが喜びそうな社会です。

　もともと伝統的な「市民社会」は、世俗の社会をも表しておりました（ホッブズの『リヴァイアサン』の副題は、「神学的および世俗的civilコモンウェルスの実体、形態および権力」でした）。これに対して「公民社会」は、まるで公事によって洗礼を受けた人びと、または、道徳的に改造された人びととからなる社会のようです（フランス革命のねらいがこの点にあったことを、この第Ⅱ部が少しずつ明らかにしていきます）。

〔5〕　ヘーゲルの悩み
〔A〕　近代立憲主義を支えてきた政治哲学の展開を大きく摑んで要約すれば、次のようになるでしょう。

> その源流は、T・ホッブズにあり、ホッブズの政治哲学が、イングランドにおいてはJ・ロックの思想を産み、スコットランドではD・ヒューム、A・スミスの別の思想を産み出した。ロックの思想は、18世紀後半の大陸におけるJ・ルソー、I・カントの

> 思想へと流れを大きくしていった。

　本書で私は、ロックからカントへの流れを「大陸型の啓蒙思想」とか「合理主義」と呼んできました。この啓蒙思想の特徴は、《理性という人間の能力を駆使すれば、カオスに近いこの人間世界に望ましい秩序を与えうるのだ》と考える点にあります。

　その歴史的イヴェントの頂点がフランス革命でした。フランス革命は、特定の啓蒙思想家に帰着させることはできないとしても、合理主義的啓蒙思想がない限り発生することはなかったことでしょう。

　フランス革命とフランス人権宣言をどう評価すればよいか、この観点は、近代立憲主義を振り返るにあたって避けては通れないところです。

　この大革命と人権宣言は、近代立憲主義にとってふさわしいモデルなのか、それとも反面教師なのか？　人権宣言は、法的にみて有意で、政治哲学的にみて体系的であったのか？　後世に対して自由を与えることに成功したのか？　アメリカ革命とアメリカ独立宣言と同列に扱っていいものだろうか？

　私の所見をあらかじめ述べておけば、フランス革命は、理想的な新しい統治構造を人間の理性によって作りあげようとする文化革命でした（この点については、後にふれます）。新しい秩序を作りあげるためには、まずは何よりも、新しい人間をつくること、旧来の人間を作り替えることが必要でした。だからこそ、フランス革命の前

後にわたって、人間改造をねらった儀式・祭典が次々と挙行されたのです（第6章の〔2〕でふれています）。

〔B〕 19世紀になると、合理主義的啓蒙思想とフランス革命に対して異議申し立てする者が現れました。この人物こそG・ヘーゲルです（ヘーゲルは、よく"観念論者"と批判の対象となってきていますが、彼は決して空虚な観念をもてあそぶ観念論者ではありません。彼の国家学は、現実の人間から始まって、家族、市民社会そして国家構造へ、という現実的な視点を基礎として展開されています）。

ヘーゲルは、過去と未来とを分裂させたように見えるフランス革命の意義と限界とを真剣に問い直しました。ヘーゲルにとってフランス革命は、近代啓蒙の客観性とロマン主義の主観性との裂け目に出現した哲学の課題だったからです。

わが国憲法学は、このヘーゲルの壮大な批判体系を真剣に受けとめるべきだと私は信じています。

わが国の憲法学におけるヘーゲル研究は、マルクス主義憲法学においてネガティヴな形で継承されたこと以外、華々しくないように私にはみえます。ヘーゲルといえば、"絶対主義擁護の哲学者、プロイセンの御用学者だ"、"せいぜい立憲君主制擁護の保守反動の政治哲学者だ"という紋切り型の評価が、わが国の思想界のみならず法学界にも定着してしまっているようです。が、それは早計というものでしょう[4]。わが国では、たしかに不評のヘーゲルではありま

---

4) たしかに、『法の哲学』257節～259節におけるヘーゲルの国家観を読めば、本文のような評価が現れるのは当然でしょう。しかしながら、『法の哲学』におけるヘーゲルの国家の扱いは、現実に存在する国家を正当化するために書かれたわけではありません。「理性的であるものこそ現実的であり、現実的であるものこそ理性的である」という『法の哲学』における序文は、現実の国家がもつ権力を正

す。それはマルクスによるヘーゲル批判を鵜呑みにした評価ではないでしょうか？

　ヘーゲルこそ合理主義的啓蒙思想に果敢に挑戦した人物だった、というのが私の診断です。というのも、ヘーゲルの哲学、なかでも、『法（権利）の哲学』は、《最適規範を備えた国制を思弁的に演繹するだけでは問題解決にならない》と強調した書だからです。歴史と、歴史に現れた思想・概念を基盤としてイデアが現れ機能すること、哲学の使命は歴史的-具体的に活動するものを洞察することにあること、このことをヘーゲルは説いたのでした。そのためには、われわれも、ヘーゲルとともに、この世の実相を見据えながら「人間の比較的低次の欲望という本性」から始めて「もう一度人間の生命に深く立ち返る」ことが必要でしょう。「人のあるべき本性」から思弁的に演繹する政治哲学が通用するのは机上のうえだけだ、と私は感じております[5]。

　〔C〕　もっとも、ヘーゲルは個別具体的なものを普遍的に説明し

　　当化するための言葉でもありません。G・ヘーゲル、藤野渉＝赤松正敏訳『法の哲学』岩崎武雄責任編集『世界の名著　44　ヘーゲル』169頁と176頁（1節）（中央公論社、1978年）とを比較してみてください。また、J・リッター、山口純夫訳『ヘーゲルとフランス革命』（理想社、1966年）5頁以下、福吉勝男『ヘーゲルに還る』第1章（中公新書、1999年）を参照してみてください。

　　検閲が通常であった時代、ヘーゲルは君主権限の擁護者であることを余儀なくされました。大学の講義においては、ヘーゲルは、「君主はただ『然り』と言って、画竜点睛の最後のピリオドを打ちさえすればいいのである」と、君主は署名するだけでよい、という本音を漏らしております。『法の哲学』280節の追加（邦訳538頁）参照。

5）　H・ヘラー、安世舟訳『国家学』34頁（未来社、1971年）は、人間の本性について「これは、理性的自然法が主張する社会と歴史に超越するような本性ではなく、それらによって刻印づけられた本性として理解されなくてはならないのである」と的確に指摘しています。

ようとしたために、結局は、「人のあるべき本性」、「あるべき国制」さらには「あるべき自由」へと1回転して道徳主義に着地してしまいました（厳密には、道徳よりも上位にある「倫理」主義というべきでしょう）。彼の思考の筋はこうなっています。

(ア) 個人は、家族という実体（愛）のなかで育まれながら道徳的存在として成長し、市民社会にでる準備をし、ある年齢になると実際に市民社会に送り出される。

(イ) 市民社会は、家族（大家族や氏族内部での権力関係）を否定＝解体するところに成立する（家族のアンティテーゼとしての市民社会）。この市民社会のなかで、個々人は、それぞれの欲求・利己心を相互的に満足させると同時に、一人前の存在となるよう陶冶される。

(ウ) 市民社会は、欲望の体系、もっと厳密にいえば「所有と権利の体系」であり、相互依存の関係であるが、普遍と特殊、言い換えれば全体と個人とを分離させている。分離を典型的に表すのが、各種職能団体である。これらの分離を顕在化させないのは、経済法則と法律という「普遍性の形式」が外から個人を制約しているからにすぎない。市民社会には私的な善や目的はあるが、公共的な善や目的がない。

(エ) 個々人や職能団体の分離分裂を否定＝解消するために、国家が立ち現れ、普遍的意思である法律を提供して公正に利害調整したり、紛争を解決する（市民社会のアンティテーゼとしての外的国家）。

(オ) 国家は絶対精神となって、私的利害の調整を超えた、人

倫国家となる（外的国家のアンティテーゼとしての人倫国家）。
　(カ)　人倫国家において、自由——構成員それぞれが私的善と公的善とを一致させ、これに従って行為すること——は完成する。

　こうした国家観をみると、ヘーゲルが民主主義者でないことは確実ですが、全体主義者だと評価することは早計でしょう。彼の時代には、全体主義という概念はなく、これが登場したのは、20世紀ですから。
　彼がいいたかったことは、権利や自由は国家なくしてはありえないこと、抽象から出て個別に至る自然権説は空論であること、でした（ヘーゲルの自然権法批判については、後の第5章でふれていきます）。彼は、ここやそこで生活しているすべての人びと（具体的普遍）の相互行為を見ながら、「家族—市民社会—国家」という上昇スパイラル図式を描いて、これらの相互関係を抽象化しながら分析してみせたのです。この図式は、「個人の総和である市民社会／国家」の2項対立よりも複雑で、個人を基点としながらも、その総和以上となっている**「家族、市民社会、そして国家」という3項の弁証法的展開**を示しています。この動態的な展開によって彼は、私的善と公的善とを一致させる「法と権利と正義の哲学」を説きました。この一致へと人間を向かわせるものは、結局のところ、彼にとっても、人間の理性でした。情動や利己心を理性に従属させることを、人間は習得していくものだと彼は期待し、《理性に従って生きることこそ自由の完成である》とする積極的自由論に与したのです。この理論は、全体主義というよりも、道徳主義だ、と評される

べきでしょう。ヘーゲルは、上の㋐でいう「道徳的存在」という言葉に、ハードルの高い内容を吹き込んでいます。彼のいう道徳的存在とは、善悪を評定する能力をもっていることを指していますが、㋔の段階ともなると《なすべきことだけを欲し、しかもこれをなす（潜在的）倫理的な能力》を指しています。この道徳哲学観が彼の政治哲学を決定しているといっていいでしょう。

　人間像に過剰な道徳性・倫理性を吹き込む考え方を、私は「道徳主義」と呼んでいます。

第II部　立憲主義の転回——フランス革命とG・ヘーゲル——

第2章　いくつかのリベラリズム

〔1〕　修正リベラリズムの台頭

〔A〕　近代啓蒙思想に対して転換を迫ったヘーゲル哲学は、ひとえに哲学の革命にとどまらず、国法学における革命の哲学でもありました。にもかかわらず、後世、なかでもわが国の公法学のある流派は、この点を重視しないまま、マルクス経由のヘーゲル思想体系に依拠してきたようです。

ヘーゲルの国家哲学の真意を素通りしたままで、"自由経済市場は人間の本性を歪める欲望のシステムだ、この点はヘーゲルの自認するところではないか"、"市場は欲望をナマの形で闘わせる暴力性をもっている、だからこそ、国家が市場に積極的に介入しなければならない"といった積極国家観がわが国の法学界を席巻しました（「市場の暴力性」などという誇大な比喩を、したり顔で口にする憲法学者の知性を私は疑います）。「リベラリスト」でさえこれに異を公然と唱えることはなかったために、このような評価が一般人の常識にまで浸透した結果、今日のような「大きな政府」をもたらすこととなってしまいました。

「リベラリスト」からすれば、国家権力がかくも肥大することは異常であり、要警戒域を超える現象のはずでした。が、ある時点か

第 2 章　いくつかのリベラリズム　　145

ら、"リベラリズム"の意味合いも変容していたのです。

　合理主義的啓蒙思想は、この第Ⅱ部が後に明らかにするように、人間の人格性が絶対的価値をもつこと、人間が人格的存在へと発展する可能性をもつことを説いてきました。《この世には、人格的価値を貴重なものとする法則が存在するはずだ》、《この法こそ第1原理だ》という超越論的な思考は、国家権力からの自由を重視する"リベラリズム"にとっても異議申し立ての対象として浮かび上がってきませんでした。国家権力を統制するには、超越論的思考も役立ったからです。

　19世紀には、リベラリズムが全盛期を迎え、諸先進国の経済発展を人類史上かつてないほどに押し上げました。

　ところが、20世紀となると、相当数の論者が「リベラリズムの危機」を口にするようになってきます。ある論者は、その例として、「リベラリズム」の国、英米をやり玉に挙げながら、人びとの消費主義が精神的危機をもたらしている点を衝きました。危機を口にした人たちの多くは、「リベラリズム」が資本主義体制と足並みをそろえてきた点に批判の矛先を向けたのです。たとえば、"資本主義は、人間本来の人格をむしばみ、自律的能力の発育を阻害する"という論調がこれです。

　人類が経済的に豊かになってくると、評論家は何かの不足について人びとの注意を喚起しようとするものです。それが、お馴染みの"経済的に豊かとなるにつれて、精神の豊かさが失われる"というまったく論拠のないコメントです。こうしたことを口にする論者こそ、精神の豊かさを失っているように私には思えてなりません。

　それでも、「精神／物質」という二分法がもつ魅惑でしょうか、

または、経済的に豊かになると人びとが奢侈になると危惧する道徳家的性向のためでしょうか、《精神の自由はより豊かに、経済的自由はストイックに》というコメントは、大いに威力を発揮しました。

このうしろめたさをもっていたからこそ、20世紀リベラリズム（英米的リベラリズム）は、「リベラリズム」の産み落とした国制をそのまま維持しながら、経済的基盤を改革しようと求めてきたのです。《その軸足を資本主義の方へと傾けたリベラリズムを、政治の力で正しい方向へ規整しよう》というわけです[6]。この主張は、ヒューマニズムへの訴え、人間の理性（科学的知識を政治へ動員すれば何とかなる）の信奉とも重なって、大きな政治的潮流となって流れ出し、福祉国家やケインズ主義国家を産みました[7]。

〔B〕 ところが、それらの国家、それを支えてきた英米的リベラリズムが、今、危機を迎えつつあります（私は、先に述べたように、このリベラリズムを「修正リベラリズム」と呼んで、「古典的リベラリズ

6） 佐々木毅「二十世紀の自由主義思想」佐々木毅編『自由と自由主義』328頁（東京大学出版会、1995年）参照。佐々木は、J・デューイのプラグマティックな自由主義が19世紀リベラリズムを次のようにみていたことを、要領よく次のように紹介しています。「自由主義は政治的・宗教的抑圧に反対するロック的個人主義から始まり、スミスを経て経済的自由の擁護を含むようになるとともに、やがて、政治よりも経済が自由主義の主たる関心となっていった。自然法は生産と交換に関わる経済法則に転化し、政治は自由主義の中で警戒すべき対象とされるに至った。」

7） J・M・ケインズは、進歩的リベラリズム（修正リベラリズム）の立場にたって、経済的無秩序を社会的正義に適ったものとするために、国家による経済指導と統制の必要性を強調したのでした。ケインズのような立場は、英米では「新自由主義」と称せられることがあります。詳細については、ケインズ、丸谷冷史ほか訳『福祉国家と資本主義』（晃洋書房、1995年）をご覧ください。

ム」と区別しております[8]）。

 20世紀の圧倒的期間、優勢と思われてきた「修正リベラリズム」は、近時、旗色が悪いのです。

 英米的リベラリズムが正当と考えてきた福祉国家は、もろもろの政治哲学（個々人の自由を最優先の価値と考えるリバターリアニズムからだけでなく、共同体のもつ道徳的価値を重視するコミュニタリアニズム）からも、さらには、経済学・財政学におけるマネタリストからも挑戦を受けてきております。無限の経済成長が神話であると気づかれたとき、財政金融政策を一定のルールのもとに置くこと——貨幣発行量を経済成長率にあわせること——を求めてきたマネタリストの主張は、活気を帯びてこざるをえないものでした。ジャーナリズムも、場当たりの財政政策や「公共事業」のためのバラマキ政策が、景気の安定にとって望ましくないことに気づいてきました。

〔2〕 古典的リベラリズムの復活？

 市場経済の自律的な動きに期待してきたリベラリズムは、修正リベラリズムを産んだ後に、今また源流に立ち戻ろうとしているかのようです。修正リベラリズムへのスパイラル運動は緩慢だったようですが、源流に立ち戻ろうとする勢いは急速でした。リベラリズムは、21世紀の直前にゆっくりと一回転した後急速に原点に着地しようとしているかのようです。

 今から20年前に、いわゆるマネタリスト的国家観を公然と主張したとすれば、わが国の学界はこれをとるに足らぬ戯言だと一蹴した

8） 前掲注（3）およびその本文参照。

ことでしょう。なにしろ、今、40歳代以降にあるわが国の社会科学者は、経済市場がうまく機能しないこと、市場は貧富の差を拡大する一方の「弱肉強食の世界」であることを、いやになるほど教場で教えられてきましたから。"経済自由市場は、非効率であるばかりでなく、不公正でもある"というわけです。これが、おなじみの「弱者擁護必要論」に展開されていきます。それは、最適規範に適合するように、国家が計画的に市場へ介入し管理することの必要を熱心に説くことになります。それは、マルクス主義者とそのシンパだけでなく、正義感に満ちた善意の人によっても強調され続けてきました。

　ところが、社会主義国の実態が露わになり、次つぎと計画経済の失敗が明らかとなった今日では、経済学において、マルクス経済学を公然と擁護する論者のほうが希少価値を持ってきております。計画経済どころか、混合経済も、さらには、ケインズ主義的経済も、"間違いだった"と公然という論者がいても、今日にあってはもはや不思議がられません。ケインズ的需要刺激策は、短期的には効果があるように見えても、長期的にはインフレを引き起こすのではないか、とやっと英米において気づかれたのが、スタグフレーションの続いた1970年代でした（わが国では気づかれているのだろうか、と私はときに疑問をもっております[9]）。

---

9) 反ケインジアンは、①不況時においては、国家の財政赤字を縮小させることが、かえって市場の働きを活性化させ、格好の景気刺激策であること（赤字を覚悟で公共事業への財政支出を増加させることがケインズ経済学の方向だった）、②総需要を増加するよりも供給サイドを増加させるほうが効果的であること、③多くの人が経済的繁栄の利益に浴するには、富を作り上げる必要があること（富を作り上げると同時に、経済的平等を実現しようとすることは、経済学の見果てぬ夢だ

「戦争と革命の世紀」を越えた今、近代の合理主義的啓蒙思想を批判的に振り返ってみることが必要のようです。振り返るときの目線はフランス革命に向けられるべきです。なぜなら、戦争と革命、なかでも革命、そのなかでもフランス革命は、近代啓蒙の思想が産み落とした鬼子だ（時代のターニング・ポイントだ）、と私は信ずるからです。

「リベラリズム」に関して私のいいたいことはまだまだありますが、この点は拙著『リベラリズム／デモクラシー』をご覧いただくことにして、次のトピックに進ませてください。

った）、④インフレ率を抑制することができても、失業率は必ずしも改善できはしないこと（強力な労働組合が賃金の下方硬直性を生み出すからこそ、インフレをよぶ）等々、一昔前には一顧だにされなかった考え方を口にしております。が、わが国の財政政策は、相変わらずケインジアンのそれに従っているように私にはみえます。

日本銀行の独立を強化した日銀法改正は、金融政策がケインジアンの影響を受けないようにする狙いをもっていたようです。

第3章　わが国嫡流憲法学の特徴

〔1〕 黙殺されてきた事柄

〔A〕 これまでのわが国の公法学、なかでも、憲法学を振り返るとき、それが次のような特徴を持ってきたことに私は気づかざるをえません。

それは、憲法学における人権（自由と平等）、民主主義（国民主権）といった基本概念を捉えるにあたって、フランス革命とフランス人権宣言によってもたらされた「美しいイデオロギー」に大きく依拠してきた、ということです。自由と平等との対立や自由主義と民主主義との対立に言及しないまま、"これらは普遍的な価値であり、人類普遍の原理である"と、それらがイデオロギーではないかのように反復されるとき、立憲主義（法の支配）の真の価値は見失われていってしまったようです。

わが国の憲法学がフランスの公法学に圧倒的に影響されてきたためにこうなった、と私はいいたいのではありません。フランス人権宣言に典型的にみられた、「人の譲渡不能かつ神聖な自然権」（前文）を保全するための社会契約の理論（1条）、「あらゆる主権の原理は本質的に国民に存する」（2条）という民主主義の理論のことを指していっているのです。

私のこの指摘は、憲法学が「立憲主義」というとき、何をもってそのコアと考えるか、という根源的問いかけと関係しております。《フランス革命期の思考は立憲主義のコアからずれている》、これが第Ⅱ部で明らかにしようとするプロットです。

　フランスの憲法史から立憲主義のコアを摑み取ろうとしてきた人びと——ドイツ公法学者、そして、ドイツ・フランス公法学から学んできたわが国の学徒——は、国民の憲法制定権力（民主制）と人権保障とを同時に実現することが立憲主義の課題であったかのように考えてきたのではないでしょうか。両立しがたい「主権／人権」の課題は、「立憲民主主義」または「リベラル・デモクラシー」という矛盾に満ちた言葉によって隠蔽されました。さもなくば、すぐ後にふれるように、人間の理性（実践理性）やそれを体現するとされる「人格価値の不可侵性」というアルキメデスの点によって克服されたかのように処理されました。

　これに対して、英米の憲法史から立憲主義のコアを学ぼうと苦悩してきた人びとは、法の支配の実現こそそのコアだ、と相互了解してきたようです。英米の立憲主義は、権力欲という人間の悪しき性、民主主義のもつ権力集中的統治への誘因力等に常に警戒的でした。英米の伝統は、立憲主義が、民主制、そのなかでも直接民主制と鋭く対立することを知っておりました[10]。憲法制定会議を何度も開催して憲法創造権力をたびたび発動すればパンドラの箱を開くことになる危険を知っていたのです。

---

10)　阿部斉『民主主義と公共の概念』155頁（勁草書房、1966年）参照。また、私も『法の支配　　オーストリア学派の自由論と国家論』（勁草書房、2006年）において、法の支配こそ立憲主義の核であることを述べました。

この「大陸的憲法学／英米的憲法学」の溝のなかで、わが国の嫡流憲法学は、戦前からの大陸的発想の残滓のためでしょうか、それとも戦後の自然法学の魔力とアメリカ的「司法国家」の魅力にとりつかれたためでしょうか、双方のいいとこ取りをしてきたようです。

〔B〕 わが国の嫡流憲法学は、人の理性、人の本性（人格不可侵）、自然権、自由と平等、社会契約、国民主権という、美しいイデオロギーの罠にはまってきたように私には思えてなりません（わが国の憲法学には、これにもうひとつ、平和が付け加わります）。

なぜ、わが国憲法学が18世紀の大陸型啓蒙思想の化石のごとくであるのでしょういか。

その理由のひとつは、わが国の公法学者の多くがJ・ルソーやK・マルクスは読んでも、A・スミス、D・ヒュームやF・ハイエクを読まないためでしょう[11]。または、ルソーからマルクスに至るさい、《ヘーゲルとるに足らず》とヘーゲルを軽視して、いきなりマルクスにまで飛んでしまったためでしょう。この流れが「法の支配」の破壊に力を貸したようです。

では、わが国の多くの公法学者によって黙殺されてきた一連の思想家に共通する姿勢は、一体何だったのでしょうか。

それは、経済的自由の規制に関してであっても、精神的自由の場

---

11) 1944年、ハイエクが『隷従への道』を公刊したとき、「この本は正気とは思えない混乱に満ちている」とケインズは評しました。M・フリードマンが、市場に敵対的な政策は市場の報復を受けることを実証したとき、人びとはこれを黙殺しました。R・ノージックが『アナーキー・国家・ユートピア』において「見えざる手理論は生きている」と主張したとき、著名なフランスの哲学者は「誰がこの本をまじめに受けとめようか」と断じたといいます。

合と同じように国家の役割を限定しようとする思考であり、自由と平等とがときに対立すると考えることであり、自由にとってデモクラシーは警戒されなければならない、という思考でしょう。このリストに、《経済市場は、健全に機能する大部分と、機能しない残余部分とがある》という洞察を加えてもいいでしょう。

自由と平等との対立は、経済的視点から言い換えるとすれば、《富の実現と平等の達成は両立困難である》ということになるでしょう。

これに対して、相当数の公法学者は、こう考えてきたようです。
"自由は平等のなかにあり、自由主義は民主主義のなかにある"（この命題を逆にして、平等は自由のなかにあり、民主主義は自由主義のなかにある、と言い換えることも可能でしょう）。

嫡流憲法学は「自由と平等の実現」、「富の実現と平等の達成」を立憲民主制の目標であるかのように捉えて、先にふれたように過去と現在をこう評価してきました。

"自由主義は、政治的桎梏から人間を解放することには成功したが、経済的なそれについては成功しなかった"、"この不成功の理由は、経済市場が民主的でないことにある"、"だから、議会という民主的機構を通して「国家／市民社会」の二元主義を克服していかなければならない"。

これは先の第1章の冒頭で引用したドイツの憲法学者の立場と同じです。戦後のわが国の憲法学者にとってドイツ基本法の掲げた「社会的法治国家」というスローガンはまばゆいほど輝いてみえたのでしょう。

憲法学の教科書レヴェルには、実際このことが色濃く現れてお

り、次のことにたびたび言及されます。

《民主主義は、自由と平等とを保障する体制でなければならない》、

《経済市場における自由は、貧富の差を拡大するばかりであった》、

《私的自治の原則を基礎としてきた市民法原理は社会法原理に道をゆずる必要がある》と。

この種の憲法教科書は、こう強調しながら、市場のもたらした貧富の差を是正することが社会的正義であり、この正義を実現することが国家の正当で本来的な役割であること、経済的自由は政策的な「公共の福祉」によって制約されてよいこと等を述べております。そして教科書は、こうした立場を「二重の基準」とか「積極国家」とかいうキー・ワードによって簡単に正当化してきました。

〔C〕 今日のわが国に過剰な公的規制をよんでしまった遠因は、嫡流憲法学が、いわゆる人権の分野においては、①自由と平等との対立局面や、法の支配と「弱者保護」との対立について真剣に考えなかったこと、②人間がもつと想定された共通の特性（たとえば、人格的に自律する存在であること）をアルキメデスの点として強調したために、人間の個別性（個々人が偶然にもつにいたった能力・資質の違い）が自由の根源を支えているという視点を欠いたこと、③「多数派／少数派」、「強者／弱者」の単純な二分法的発想を暗黙のうちに採用して少数者・弱者保護の必要性を「公共の福祉」の名のもとで強調しすぎたこと等にある、と私はみております。

また、統治機構の分野においては、(a)自由主義と民主主義との対立局面を真剣に考えてこなかったこと、(b)国会を民主的な存在と扱

いすぎたために、立法権を「法の支配」によって統制する理論に欠けたこと、(c)「法の支配」と権力分立に関する確固たる理解に欠けてきたこと等々、私がちょっと考えついただけでも沢山あります。

一言でいえば、わが国憲法学は近代の合理主義的啓蒙思想に依拠しつつ、人間の人格的な側面を強調しすぎたために「ホッブズ問題（人間の利己心）」を簡単に処理しすぎてきたのです。

〔2〕 看過されてきた事柄

〔A〕 人間の社会的行動を研究対象とする点で、法学は経済学や政治学と共通項をもっているはずです。そう考えたとき、法学は経済学や政治学に多くを学ぶべきものをもっているはずです。

経済学においては、《人間は自分の利益を最大にしようと合理的にまたはそれ相応に行動する主体である》と仮定されているようです。そのうえで、その人間の行動の規則性が価値中立的に分析されます。経済学の想定してきたほどに人間が「賢明で合理的 rational」か「それ相応に合理的 reasonable」かどうかは別にして、法学においてもたびたび口にされてきた「個人主義」は、経済学の人間観とは別種のごとき様相を呈しています[12]。

政治学は、人間の権力闘争にかかわってきました。そのためでしょうか、政治学は人間の本性が利己的であることを自覚しているようです[13]。そのことは、政治学・政治哲学がT・ホッブズの思考を

---

12) 個人主義とは、"だれもが自分の利益と幸福を合理的に考量でき、追求できてよい"という思想をいう、と私は理解しています。これに対して、法学のいう「個人主義」は、"一人ひとりを人格的な存在として尊重する思想"を指すようです。さまざまな見方については、S・ルークス、間 宏監訳『個人主義』（御茶の水書房、1981年）が参考になります。

真剣に受けとめてきたことの証でしょう。

これに対して、法学、なかでも憲法学において"人間は合理的である"といわれるとき、《人格的で理性的な道徳的特性をもつ》ことを指しています。それが人間の nature だ、というわけです。これでは、ヘーゲル以前の近代の啓蒙思想から一歩も抜け出ていないといわざるをえません。

また、法学が《人間は（合理的特性をもつ）主体である》というとき、それは人間存在の特性に着眼されております。法学の合理主義的人間観と、人間存在の規定の仕方とを統合すれば、《人間は道徳的、理性的、自律的な存在だ》と表現されることになるでしょう。これは、倫理的な意味での人格概念（一定の法則に従って自律的・理性的に判断する能力を有する主体）を、法的意味での人格概念（法的行為をなす能力）に一致させる啓蒙の思想なのです（第Ⅰ部第1章〔2〕を参照して下さい）。だからこそ、論者によっては、人間を「人格的存在」と呼び、そのように存在することにとって必要不可欠な法的利益を「人権」と呼ぶわけです。この捉え方は、形式論理学のようです（法学は、〔法的行為をなす能力→意思→行為〕というセットの上に成立してきました。そのために、法的思考の順序は、この通りの筋をたどるようです。私は、この筋自体が合理主義的啓蒙思想のものであるようにみえて、どうもしっくりしないという感覚をもってお

---

13) F・ノイマン、内山秀夫＝三辺博之ほか訳『民主主義と権威主義国家』230頁（河出書房新社、1971年）参照。A・トクヴィル、井伊玄太郎訳『アンシャン・レジームと革命』29頁（講談社学術文庫、1997年）のように、「多くの人々は自分たちを統治する人が誰かということを知ろうとしていない。けれども自分の私的な財産に起こることに無関心なものは誰一人としていないのである」ということもできるでしょう。

ります。この順序を逆転させて、〔市井の人びとの行為→行為の動機→人間の本性〕と手繰っていくことが必要だ、と私は考えているわけです。だからこそ、先に、「われわれも、ヘーゲルとともに、この世の実相を見据えながら『人間の比較的低次の欲望という本性』から始めて『もう一度人間の生命に深く立ち返る』ことが必要でしょう」と私は述べたのです〕。

〔B〕 ロックやカントのように、人間の人格的存在規定から人権を基礎づけることは、《美しいイデオロギーにすぎない》と私は思っております。また、《国家はその人権を守るために人びとの合意によってつくられた》と説明することは、《格別に美しいイデオロギーにすぎない》と私は感じています[14]。

「人格」という概念は、倫理学、それを受け継いできた法学以外に、心理学・社会心理学のものでもあります。心理学・社会心理学

---

14) 人間の合理的な存在規定から人権を基礎づけることに私は深い疑義をもってきています。拙著『憲法2 基本権クラシック〔全訂第三版〕』18〜20頁（有信堂、2008年）、『憲法理論Ⅱ』62頁以下（成文堂、1993年）を参照ください。本書の第Ⅰ部は、この点を敷衍したものです。第Ⅰ部のエッセンスは、阪本昌成「近代啓蒙思想における合理主義と伝統主義——J・ルソーか、D・ヒュームか」伊藤満先生米寿記念論文集『憲法と行政法の現在』121頁（北樹出版、2000年）で公表したものをベースとしております。さらにこれを展開した拙稿「世紀転換期の憲法理論——モンテスキューかルソーか」公法研究65号（2003年）1頁以下を参照いただければ幸いです。

人間は道徳的・人格的存在だ、という類的特性が真であるとしても、それは、平等問題を考えるにあたって障害となる、と私は考えています。なぜなら、《人間は、人格的価値からみれば、みな等しい》という絶対平等の命題は、法の下における平等問題に解決を与えることはないからです。また、ヘラー・前掲注（5）訳書『国家学』48頁参照。法学における平等概念は、人格価値以外の土俵で語られなければならない、そうしない限り、「建て前平等主義」が世間にはびこり、わが国は偽善に満ちみちた国となるだろう、と私はおそれております。

にいう「人格」とは、自覚する能力を指すようです（その他、定義は実に多様のようです）。この人格の見方のほうがずっと有用だ、と私は考えております。なお、ヘーゲルのいう人格とは、権利能力を有する主体を指しており、カントにおいてみられるような道徳的な意味をもってはいません。道徳的な実体のぎっしりと詰まったものを、カントは「人格性 Persönlichkeit」と呼んで、「人格 Person」とは区別しています。また、カントは、心理学的な意味での「人格」を Personalitäte と呼んで、人格性等とは区別しています。こうしたぶん、カント哲学は慎重な構えをみせているわけですが、人間存在の特徴を、このような細分化して解明しようとすればするほど、世俗の人びとの実態からかけ離れた空論になっていきます。人の特徴は、人間のあるべき姿・中味に求められるべきではなく、市井における日常的な相互行為のなかに発見されるべきだ、と私は考えています。

　人間の人格（パーソナリテイ）は、他者とのコミュニケーションのなかで、さまざまな役割を習得することによって育まれ展開される能力です。《ヘーゲルも、人は家族のなかで育まれ市民社会のなかで行為することによって血の通った感性を自分の内部に発展させていく、と言いたかったのだ》と私は理解していますが、これは私の一方的・一面的な読み込みでしょうか。

　合理主義的啓蒙思想が前提としてきた人間の本性・主体の捉え方には、ふたつの重要なファクタが抜け落ちております。その第１は、人間が人びととの交わり（sociality）のなかで利害を調整しながら生活しなければならないという「人間の本性」であり、その第２は「外界という客体」との関係についての洞察であります。ここ

で「人間の本性」といいますのは、道徳的存在としての本性ではなく、他人との交わりのなかで行為する人間の本来的性格を指します（この点は、第Ⅰ部において何度もふれました）。

　経済学や政治学は、「外界という客体」を前に人間は何を動機として行為するか、その行為は何をもたらすかにスポットを当ててきました。それらの学問は、行為の動機が自己利益の最大化にあることに留意しながら、それのもたらす社会的効用を分析してきました。

　経済学や政治学における人間観と、法学におけるそれとの違いは、ここにあります[15]。

　ヘーゲルはスミスを含む国民経済学派の書に接してこの違いにいち早く気づき深く悩んだ人物でした。

　〔C〕　ヘーゲルを悩ましたもうひとつの問題は、上のこととも関連するのですが、「自然法」の意味あいでした。

　17世紀の自然法学は、規範の淵源を人間内部の道徳的能力・精神に求める思想でした。それは、人間のある能力（アビリティ）に着眼した点で、それまでの神の意思に依拠してきた自然法思想と比べれば格段の進歩でした。ところがそれでも、自然法学の想定する人間は、ヒュー

---

[15]　経済学と法学とにおける人間観の違いがどこに起因するものか、私には理解できません。国家の領域と経済の領域とは、それぞれ自律的なものである以上、それぞれに特有の人間活動が見られるはずだ、というのでしょうか。公的領域においては人は人格的・理性的に行動し、経済的領域においては損益計算に基づいて行動することが、同一人物について、また、全員について、いえるのでしょうか。M・ヴェーバー、ヴァージニア学派が、そうではないことを明らかにしたのではなかったでしょうか。こうした素朴な疑問点をもとに、市場経済や自由競争の意義を法的視点から問い直した拙著が前掲注（10）の『法の支配』（勁草書房、2006年）です。また、ヘラー・前掲注（5）訳書『国家学』308頁参照。

ムやモンテスキューに代表される、歴史と伝統を重んじる論者の最も嫌ったアトミズム的人間でした。ヒュームやモンテスキューが「自然の法則」に言及したとき、それは決して"人間における本性に根拠を持つ法"、すなわち「自然法」のことではありませんでした。そしてまた、モンテスキューが万民法、市民法、政治法を口にするとき、それらの「法の精神」はそれぞれの社会の本性——人間の本性にではなく——に根をはっている、と言いたかったのです。彼の『法の精神』は、「法とは事物の本性に由来する必然的関係である」という一文から始まっておりますが、「法」とは、自然界の法則ばかりでなく、人間社会を支配する法則（law）と法（law, rule）をも含むタームなのです。彼は、この「法」を人間の本性から演繹して把握したのではなく、諸社会の相互関係のなかに経験的・帰納的に発見しようとしたのでした（彼が、なぜ「必然的関係」と言ったのか、私たちも、これで少しは理解できるようになります）。

Natural law は、「自然法」という定訳がありますが、英語でいう"natural law"も、日本語訳である「自然法」も、明確な意味をもっているわけではありません。

それを日本語に訳すとすれば、natural は、①「人の手が入れられていない、ありのままの」、②「生まれつきの」、③「必然の」、④「野生の」、⑤「人為的でない」、⑥「偶然ではない、本来的な」のいずれかとなることでしょう。ついで law は、(a)法則、(b)法律、(c)法、(d)おきて、のいずれかとなるでしょう。第Ⅰ部でふれたホッブズの natural law は「野生のおきて」と、ロックのいうそれは「生まれつきの法則」と捉えればイメージがわきやすいでしょうし、モンテスキューのいうそれは「必然の法則」だと理解すればいいで

しょう。ちなみに、A・スミスは『道徳感情論』において、law とは、自然の法則を指す場合のほか、いわゆる自然法でいう法、さらには国家法（人為法）があることを指摘しております[16]。なお、スミスのいう「自然」とは「人為的でない」ということを指していたことは第Ⅰ部で何度もふれました。

次に、natural law が自然法という、法的な意味をもつと仮定するとしても、何を指していわれるのか、私たちは慎重に一度立ち止まって考えたほうがいいでしょう。

それは、第1には、自然状態における法を指すことがあります。この場合の「自然法」は、自然状態に生活する人間の相互間を規律するもの、つまりは、今日いう「民法と刑法」を指しております。統治機構を定めるものや主権者と臣民との関係を規律するものは含まれておりません。というのも、自然状態は市民政府樹立以前の状態ですから、今日いう「公法」は含まれるはずがないからです。

これにとどまらず「自然法」は、あるべき人為法の基礎・水準を指すこともあります（この場合にも、人為法の批判基準を指す場合と、有効性の基礎を指す場合とがあるようです）。この第2の用法となると、民法・刑法はいうに及ばず、公法も含まれてきます。

以上のように、「自然法」というタームは、要警戒語なのです。私たちは、よほど覚悟して「自然法」と格闘すべきでしょう。

---

[16] 参照、A・スミス、水田洋訳『道徳感情論』214頁（筑摩書房、1973年）。

第4章　近代自然法論の特徴

〔1〕 人格主義の危険性

〔A〕 国家の正当な役割は何であり、その役割はどこで止まるべきでしょうか。

憲法学が国家の正当な役割をどうみるかは、憲法学の想定する個人、その個人を育む家族、人間の活動の場である市民社会、市民社会における「社会的権力」をどうみるか[17]、にかかっております。

もう一度、憲法学の想定する人間像をみておきましょう。

嫡流憲法学は、"人間とは理性的能力を持つ人格的・道徳的存在だ"、"ただし、その人間の本性が経済的要因によって歪められている"とみる傾向を示します。この人間像は、まさに大陸型の近代啓蒙思想でのそれであります（ただし、近代啓蒙の思想家たちは、問題の「理性」を口にするにあたっても、「純粋理性／実践理性」「客観的認識能力」「合理的計算能力」等々、その姿を把握しようと苦闘してきました。これに比べて、憲法学はただ単に「理性」を口にしているように、私にはみえてなりません）。この人間観は、"倫理的人格としての自

---

17) 参照、P. West, Progressive and Conservative Constitutionalism, 88 MICH. L. REV. 641, 645 (1990). また、F・ハイエク、篠塚慎吾訳『法と立法と自由II〔新版〕』207頁（春秋社、2008年）も参照。

律的個人の能力を発展させることが、国家の課題だ"とする国家観と密接につながってきます[18]。これは、嫡流憲法学が、「人間の本性に内在する自然法」（人間内にみられる一定の属性を「本性」と捉える立場）の影響を受けてきたことのなごりでありましょう。"人権とは、人が人であるということによって保障される法力だ"と人権をナイーヴに論拠づけてきたのも、そのためなのです。

　人間の人格を信奉する思考を、ラートブルフに従って「人格主義」と呼ぶことにしましょう。

　人格主義は、合理主義的啓蒙思想の基礎でもありました。それは、カントに代表されるように、"世界のありようは人間の本性が決める"、だからこそ、"世界は人間を対象化したものに他ならない"と扱われるのです。カント哲学が人間という類だけがもつ能力を強調したのは、そのためでした。

　人格主義は、ある道徳法則の不可侵性・普遍性を信ずるために、非政治的であると同時に、非歴史的に人間を捉えます。だからこそ人格主義は、国家をみるにあたり、認識としては疎遠なものとし、当為としては人格的自律にとって潜在的に敵対する存在だ、と扱ってきたのです。この発想を私は先に「勧善懲悪のストーリー」と呼びました。

〔B〕　この人格主義は、その外部に国家の敵対性を見出していましたが、実のところ、その内部に人間抑圧的な教条性をもっており

---

[18] W・シュルフター、今井弘道訳『社会的法治国家への決断』115頁（風行社、1991年）参照。カントの啓蒙思想に代表される「自律性」という概念は、理性的存在として普遍的法則を自己の法則として服従する意思を指します。この自律性は、バーリンの指摘するように、積極的自由論と密接に結びつくのであって、単に他者からの恣意的干渉を受けないでみずから意思すること、ではありません。

ました[19]。この点を鋭く衝いたのがG・ヘーゲルでした。

合理主義的啓蒙思想は、永遠なるもの・絶対的なるものを彼岸の神性に据え置いたまま、世俗の世界においては、J・ロックに典型的にみられるように、"各人には自由に幸福追求する権利が与えられている"と語りました。彼岸と世俗との溝を埋めると期待された要素が人間の「本性」(nature) でした。人間のこの「本性」の根拠となりますと、神の属性と似ている点に求められました。有限の存在者である人間も、彼岸の神性と確実に関係づけられている、というわけです。そう特性づけられた人間にできることは、来世における救済とそのための祈願に期待するか、さもなくば、超越者が断言的に命令する道徳法則に従って行為するよう義務づけられることでした。ところが、世俗世界のなかで現実に生活する人間は、財産の安全に対する権利を最も貴重とする私的な (private な＝欠けた) 存在です。さもなくば、みずからは高みにたって、その種の人間に対して「強制された自由を与えて道徳的に改造しよう」と欲する人物です。彼らは、道徳義務に敏感でした。それがルソーやカントに代表されるごとき、厳格なモラリストだったのです。

ヘーゲルは、ルソーやカントそしてキリスト教の負の遺産をこの

---

[19] カント的人格主義はキリストの教えさながらだ、と私は感じています。キリストは、人間の自然的傾向を抑え、ただ理性の声に従うべき至高の義務を人類に説いてきました。カントは、この義務を道徳法則＝自律として取り出したのでしょう。この自律主義道徳哲学は、人間の内部における、理性対自然的傾向という優劣の関係または支配被支配の関係をつくりだします。若きヘーゲルは、人間の理性と傾向性との関係を優劣・善悪の関係と捉えないで、有限的存在としての人間の内部に必然的に存在する弁証法的関係と捉えることによってカントを超えようとしました。カントのように、義務は義務のためになされなければならない、と説くだけでは、問題は少しも片づかないからです。

ようにみたようです。

〔C〕 ヘーゲルは、人間像（個人の自由）と国制（国家の法）を、歴史という地盤のなかで考え直すよう、われわれに求めております。厳格なモラリストであるカントやルソーのごとく、定言命法や一般意思を説いてそれで満足しておくわけにはいかないのです。「内容をまったく欠いた形式」のもとで、「良心的人間＝実践理性の主体」という空虚な公式に依拠するだけでは、個と全体とを架橋したことにはなりません。批判的政治哲学は、この溝の存在に敏感でありつつ、これを埋めようと苦闘するはずです。

意思作用の主観的原理である格率（内容）が、至高の道徳法則（形式）へと拘束されるとしても、それは権利と義務について何を語るというのでしょうか？　ヘーゲルは、この点について苦悩した人でした。ヘーゲルが、理性を"冷たいもの"と形容し、感性を"人間的なもの"と形容しながら、冷たいカント哲学を人間の哲学にしようと苦闘した理由を私たちは真剣に振り返るべきです。

〔2〕 人格主義の虚構

〔A〕 合理主義的啓蒙思想における人間観と国家観は、スコットランドでは言うに及ばず、大陸にあってさえ、ヘーゲルによって一度、H・ヘラーによって再度、崩壊させられたはずです[20]。これらの思考は、同じではないにしても、ともに、社会における人間の行態を、歴史・時間の流れのなかで経験的に捉えようとしている点では共通しています。すなわち、彼らは、〔歴史を超越した自然状態

---

[20]　シュルフター・前掲注（18）訳書『社会的法治国家への決断』112頁以下参照。

→そこにおける人間の本性と自然権→その表れである市民社会〕という啓蒙主義の構図をうち消したのでした[21]。

　ヘーゲルもヘラーも、統治には組織と分業が不可欠であること、個々人による私的利益の追求を軽視する理論が空論となることを見抜いておりました。現実を無視する理想論には、おのずと限界があることを両名とも気づいておりました。人間を抽象的な存在と捉えて、その「人格」、もっと厳密にいうと「人格性」とそれにふさわしい抽象的権利（自然権）をいくら熱く語るとしても、具体的な人間の権利について語ることには至らないのです（この点については、次章でふれます）。

　《各人が具体的な現実存在となるには、どのような条件が満たされなければならないのか》、この検討なくして「人格・自然権」を語るだけでは空論でしかありません。だからこそヘーゲルは、《ホッブズ以来の自然権・社会契約理論が社会的原子論であるばかりでなく、徹底したフィクションだ》と批判しつづけたのでした。

　〔B〕　社会契約論には国家組織について明確な提言がないことを批判して、ヘーゲルは『歴史哲学講義』において、こういっております。

> 「個人の意思の原理が国家の自由を決定する唯一の力と見なされ、国家をめぐる一切のできごとについて、すべての個人の同意が必要だとされるならば、そもそもいかなる体制もなりたちようがない。……国家は現実にあるもので、全体をお

---

21) G・ヘーゲル、長谷川宏訳『歴史哲学講義（上）』76頁（岩波文庫、1995年）参照。

おうその存在が、個人の意思や活動のなかで生かされねばならない。つまり、一般に政府や行政当局が必要となるので、国家機構の舵(かじ)をとり、各組織を編成し、運営のありかたを決定し、実働部隊に命令をくだす人間を、選定する必要があります」[22]。

　ヘーゲルが近代自然法論をどのように批判したのか、次に概観します。

---

[22]　同訳書80頁。直接民主制が機構論をもたないことについては、アメリカの建国期においても、明確に意識されていた、といいます。阿部斉・前掲注(10)『民主主義と公共の概念』175頁参照。

第5章　近代自然法批判

〔1〕 ヘーゲル『法の哲学』のねらい

〔A〕 ヘーゲル『法（権利）の哲学』は、カントの自然権理論（形式的自然法の理論）が人間理性の淵源をキリスト教的神性に求めることでかろうじて有意となることを解明するための書でした。その著作は、国家と自由との関連を問いながら「権利」について考える哲学の書です（このことを示そうとするときには『法（権利）の哲学』と表記し、邦訳を引用するときには、その訳者の表記に従うことにします）。

ヘーゲルは、近代啓蒙の説いた〔人間の道徳的本性→それの表れとしての自然権→その保全のための社会契約→国家の樹立→憲法契約〕という論理の流れに乗るようにみせながら、実は、逆の順序で、まったく別の権利の体系を『法（権利）の哲学』で説きました。

彼がその体系をうち立てるにあたっての準拠枠としたのが、フランス革命とその革命を産み出した思想でした。

若きヘーゲルは、「自由の樹」[23]を植えたかのようにみえたフラン

---

23)　「自由の樹」は、「5月の木」とも呼ばれ、フランス革命のシンボルでした。歴史上、共同体がそのもとで慶事を祝ったり討論したりする集会場所であると同時

ス革命の成り行きを観察し、バスティーユ陥落の夜には祝杯を挙げたようです。が、当初「燦然たる日の出」と思われた事態に対して彼は加齢とともに次第に批判的となっていきました。

　ヘーゲルがフランス革命を批判的な眼で次第に見始めたのは、フランス革命のなかに典型的に現れていた啓蒙思想、すなわち、人間の自由意思を国家の樹立原理とする思考に納得できなかったからです。

　フランス革命とその原動力のひとつとなった**合理主義的啓蒙思想の信奉する「普遍的自由」は、人間の日常的で具体的な生活空間（市民社会）を忘れ去った空論だ**、とヘーゲルはみたのでした（この点については、本章の〔2〕でもふれることになります[24]）。

　フランス革命は、分業なき無差別な平等、直接民主制を要求する運動へと展開していきました。直接民主制は、個人的意思を無媒介に全体意思へと統合しようとしましたが、その実、特定の意思の独裁（ジャコバン独裁）へと反転してしまいました。ヘーゲルは、この反転の原因に「平等の抽象的な自己意識＝抽象的人格」があると見抜いたのでした[25]。

〔B〕　ヘーゲルは、抽象的な「人格」を語ることでは決して満足できませんでした。

　　に処刑の場所でもあったといいます。このことを含め、ジャコバン・クラブが祭壇の後ろに「自由の樹」をしつらえ、そこに「民衆の怒り」を刻み込んだ、という点については、立川孝一『フランス革命と祭り』5〜9頁（筑摩書房、1988年）参照。M・オズーフ、立川孝一訳『革命祭典』（岩波書店、1988年）も興味深い書物となっています。

24)　後掲注（29）およびその本文をご覧ください。
25)　ヘーゲル・前掲注（4）訳書『法の哲学』194頁参照。

人格が他者との生活のなかで、今ここに個別の「人間」となって活動するには、自分の外にある物を所有しなければならないことを彼は知っておりました。所有こそ自由の最初の実現形態だ、というわけです。

具体的存在者である人間は、具体的な欲求を持ち、それを充足させようとして活動する主体です。各主体が普遍的な仕方、すなわち、相互承認を通して連関の鎖のひとつとなったとき、それぞれの目的を達成するのです（『法の哲学』第187節）。所有権は自然状態において成立するのではなく、市民社会における交換と譲渡のなか（連関の鎖）で立ち現れるのです。この観点に関する限り、ヘーゲルは意外にもA・スミスと同じ視点に立っております（ヘーゲルがスミスと違う点は、ヘーゲルが家族という愛情の共同体を重視したことです）。

個々人の私的欲求を実現する舞台が、ヘーゲル『法（権利）の哲学』においていわれる「市民社会」です（「市民社会」については、すぐ後の〔C〕でふれます）。

法・権利においては「人格」と称され、道徳においては「主体」と称される存在が、**市民社会のなかで活動するとき**、「人間と名づけられる。かくして、ようやくここで、また本来ここでのみ、この意味での人間が話題となる」[26]。

《人間・人格・主体を語りうるのは、市民社会とその法があってこそだ》というわけです。のっぺらぼうの人が、個性をもって生活しはじめる瞬間です。

---

26) この部分は、G・ヘーゲル、三浦和男ほか訳『法権利の哲学』第190節（363頁）（未知谷、1991年）によっています。

ということは、この人間は、自然状態における抽象的・仮想的な、原子論的存在（排他的なアトム的個体）ではありません[27]。

　人間は、家族のなかで育まれながら道徳性と独立性とを習得していき、市民社会において生活する術を習得していきます（『法の哲学』第175節）。ついで、人間は、実際に市民社会に出ていき、そこで他者との相互依存関係をもちながら活動し陶冶されます。

　このように、ヘーゲルのいう人間は、家族、市民社会そしてそれらを包み込んでいる国家、という3つの制度（人倫）に取り囲まれ、具体的状況のなかで決断し行為せざるをえない個人を指しました[28]。

　〔C〕　ヘーゲルは、「市民社会」に対してアンヴィバレントな態度を持ち続けました。それは、彼の自由の見方と関連しております。

　ヘーゲルにとっての「自由」は、アリストテレス同様、《人間が自己を失わず自分自身であること》、《他者に依存しないこと》を意味しました。市民社会において人間は他者に依存せざるをえないことを説いた点では、第Ⅰ部でふれたA・スミスも同じでした。が、《市民社会は人間における自由にとって足かせとなる》と考えた地点でヘーゲルはスミスから離れました。

　《市民社会にあるといわれてきた自由は、国家なくしては何も作り出すことはできない》、《だからこそ、国家が市民社会の外に立ち

27）　ヘーゲルの自然状態・近代自然法批判については、G・ヘーゲル、松富弘志＝国分幸＝髙橋洋児訳『近代自然法批判』17頁以下（世界書院、1995年）参照。
28）　西研『ヘーゲル・大人のなりかた』93頁（NHKブックス、1995年）が指摘するように、「『法権利の哲学』でいうと、人間は家族の一員、経済社会の一員、国家の一員として、それぞれ異なった〈自己〉をもつのだ。」

現れて、自由を法的権利として普遍的に承認するのだ》とヘーゲルはいいたかったのです。

その論理展開は、次のようになっております。

> ① 市民社会は私人(ブルジョア)が私的利益を追求する全面的相互依存のシステムである(『法の哲学』第183節)。
> ② この市民社会は、人間の欲求を充足させるためにも、人間を陶冶するうえでも、必要不可欠であり、近代国家の経済的基盤でもある(この点を直截に承認するヘーゲルの目には、"人間が、人間としての尊厳を相互に承認しあうところに共同性が成立する"といった道徳論はヤワに映ったに違いない)。
> ③ が、他方、市民社会には、ある人が他の人に依存せざるをえないという点で、自由を喪失させるところがある。
> ④ 市民社会にはこのような積極・消極の対立があるからこそ、国家の統治(Regierung)が市民社会の上位に、市民社会とは別物として、国制上の制度として立ち現れるのだ[29]。

ここまでは、ヘーゲルはホッブズあるいはマキアヴェリに似ている、といっていいでしょう[30]。

---

29) ヘーゲル・前掲注(26)訳書『法権利の哲学』第185節をみてください。
30) 永尾孝雄『ヘーゲルの近代自然法批判』31頁(九州大学出版会、1998年)。ただし、ヘーゲルはホッブズ的自然状態を「現実性、必然性、客観性を欠いた抽象的観念にすぎない」と全面的に批判したのでした。中埜肇『ヘーゲル研究』118頁(理想社、1974年)参照。ヘーゲルの政治哲学を歴史の流れのなかで丹念に捉えようとする労作として、南原一博『政治哲学の変換 ヘーゲルと西洋近代』(未来社、1988年)をあげる必要があるでしょう。なお、ヘーゲル・前掲注(27)訳書『近代自然法批判』182頁での「訳者解説」は、ヘーゲルはボダンに似ている、と

へーゲルは、マルクスが批判したような観念論者ではありませんでした。ヘーゲルがその種の観念論者であったとすれば、わざわざ「家族」、「市民社会」、「国家」という「人倫」を取り出したりはしなかったことでしょう。

また、ヘーゲルによる市民社会の分析は、マルクスよりもはるかに適切でした。というのも、ヘーゲルは**国家と市民社会の相対的分離**を見抜いていたのに対して、マルクスは国家が市民社会の階級構造を反映しているとみたために、"階級対立がなくなれば国家が消滅する"などという致命的な誤りに陥ってしまったからです。

マルクスとの関係はさておき、ヘーゲルは、超歴史的な人間の本性（理性）を出発点としてきた思想、いつの時代にも唯一正当であろうとする国制構想を、打ち破ったのでした。彼にとっては、国家というア・ポステリオリなものをア・プリオリなものによって解明しようとする学問態度は、ホッブズであれ、カントであれ、誰であれ、根本的な誤りを犯しているものでしたから。

〔2〕 市民社会における人間の本性

〔A〕 人間の本性は人格的特性にありという考え方は、先にふれましたように、法学に特有の自然法学の残滓でしょう。もともと、nature とは、まさに自然界を指すこともあれば、本来的性質を指すこともあって、実に曖昧なことばでありつづけております（この点は、この第Ⅱ部第3章の最終部でふれたとおりです）。だからこそ、自然法にいう「自然」は、時代によってその内容を論者の都合に合

述べています。

わせて大きく変えてきたわけです[31]。このことは、ヘーゲルを大いに悩ませました。

ヘーゲルにとっての「自然」は、既存の歴史的秩序から市民社会を産み出す歴史的な原理のことでした。**市民社会における人間の本性（自然）は、モラリストの哲学者によって蔑視されてきた欲望に表れている**、とみたのです。

自分の欲望を充足するために労働を通じて相互に結びつかざるをえない関係が「市民社会」と呼ばれるものです。それは、合理主義的啓蒙思想家たちが実体化してイメージしてきた共同体ではありません。そればかりでなく、市民社会は政治社会と同じものでもありません（市民社会と政治社会を同じものだとする考え方はアリストテレス以来、ながい伝統をもっておりました。これに影響されて、ロックにみられた古典的な政治哲学や社会契約論は、第Ⅰ部でみたように、〔個人-家族-市民社会-政治社会〕が同心円上に位置する、とみたわけです）。

前章でみるように、国家とは別の「市民社会」をはじめて取り出してみせたことが、ヘーゲル政治哲学の最大の功績でした。それを取り出すにあたって鍵となった概念が、上の意味での「自然」でした。彼にとっては、啓蒙の説いてきた人間の本性と、それを基礎とする自然権は「抽象的権利」、つまり、制度的支えをもたない空虚な権利にすぎません。ヘーゲルにとって、権利は市民社会のなかで

---

31) ある論者によれば、「自然」の定義は、60にも及ぶということです。17世紀的自然観と、18世紀的なそれとは、大きく違い、大陸的自然観と英米的なそれとは、また、大きく違うのです（ここで英米的と一言でいったのは、大陸との違いを強調するためであって、英国においても、イングランド的なそれと、スコッティッシュなものとで、大きく違っています。この点を明らかにすることが、本書第Ⅰ部での課題のひとつでした）。

生まれ、国家という実体に支えられてはじめて具体化され、有意なものとなるのです（このことは、先にもふれました）。

こうした自覚的な知的営為があったにもかかわらず、「二千年来、たとえ国家ではないにせよ、政治権力は、超実定的な自然法の確保という要求によって正当化」[32]されるとする合理主義的啓蒙思想が、後世、最も強い影響力を持つこととなってしまいました。

〔B〕 われわれ人間にとって否定しようのない客観的な事実と実践は、独立し別個に実在する個々人が、希少性問題に直面するなかで、それぞれに利害を異にしながらも、分業を通して他者と協働しながら生存する、という点にあります。自己完結的な人格など、どこに存在しましょう？

人間は類的存在としてではなく、個人として生のなかに歩み入ります（類的存在としてのnatureは、私のnatureとは異なり、ときには、私にとって障害となることでしょう）。この生活の場をヘーゲルは、「市民社会」と呼び、市民社会における各人に不可欠の活動を「労働」と呼んだのでした。これらをキー・ワードにして『法（権利）の哲学』は、「人間」という血の通った行為主体――抽象的な「人格」という存在論的規定とは違った――の哲学を築きあげました。

《市民社会を出発点とするヘーゲルこそ、啓蒙の人格主義をうち破った哲学者だった》と私がいったのはそのためなのです。

〔C〕 にもかかわらず、わが国憲法学は、この立場の第3章でふれたように、合理主義的啓蒙思想に深く影響され続けております。

---

32) ヘラー・前掲注（5）訳書『国家学』318頁。

これは、わが国の社会科学・歴史学が、先にふれたように、ルソー理論、フランス革命、フランス人権宣言を高く評価してきたことと無関係ではありません（これについては、立憲主義の展開を論ずる第6章で、再びふれます）。

　合理主義的啓蒙思想は、人間の理性と自発性に国家樹立の契機または正当性を見出しました。ところが、その後、A・スミスにみられたように、国家＝政治社会とは別の、市民社会という秩序の存在に気づかれました。従来は、政治社会＝文明（市民）社会として同心円にあったものが、国家の枠から飛び出しかねない、暴れ馬のような市民社会がいまや理論上も現実上も人びとの生活領域となっている。このことに対して、啓蒙思想家たちが警戒的になるのも当然でしょう。人間の理性と自由の制度化だったはずの国家、これに対して、私利私欲の支配する市民社会。合理主義者やモラリストたちが、人の理性・自由に適合するように市民社会を改造したい、と望むのも致し方ないところでしょう。が、個人の自由意思や理性の力によって人為的に市民社会を改造することはできません。なにしろ、市民社会は、個々人の意思の総和以上のものであり、一定の鋳型に収まることはありませんから。それでも合理主義者は、この市民社会は人間を疎外するものだ、と苛立ちました。そればかりか、市民社会において気孔のように次々と姿を現した営利法人は、公民社会にとって異物だと、彼らには映りました。営利法人は巨大な個別性であって、普遍性にとって障害物だ、というわけです。

　古典的リベラリストは、市民社会の自律性、社会的権力（なかでも営利法人）のもつ影響力を肯定的にみる傾向にあります。市民社会を国家のなかに溶け込ませようとしても、それはとうてい無理な

ことです。市民社会と国家の分離をはじめて体系的に説いたヘーゲルでさえ、結局のところ、市民社会を国家のなかに溶け込ませようとして失敗した、と私は診断しております（本書は、ヘーゲル批判を目的とはしておりませんから、彼の失敗を追及しないことにします）。

〔3〕 正義概念の拡散

〔A〕 なぜ、「国家／市民社会」という相対的分離なのかといえば、それは《国家という統治に必要な組織のルールと、市民社会における生活に必要な行為のルールとは、本来、性質を異にしており、両者を融合することは困難だ》と古典的リベラリストは考えているからです（第Ⅰ部第6章では、スミスが「市場／組織」の別を論じたことに既にふれました。また第Ⅱ部第1章では、この二元論の論拠を私なりに解説しました）。市民社会においては、国家は交換的正義と矯正的正義とを実現するためのルールを提供し、これを維持するよう求められている、というわけです。《市民社会におけるルールは、各人の目的追求の手段にとどまるべきだ》《国家のルールは、個々人の人生目標については blind であれ》と言い換えてもいいでしょう。国家が交換的・矯正的正義を維持すれば、市場において、配分的正義 distributive justice がおのずから（naturally）できあがるからです。国家が設定する目的のために人びとを手段とする公法的規制を、古典的リベラリストは警戒しております。《社会的正義の実現という国家目的を実現するために、ある個人を手段として用いることは道徳的にみても経済的にみても、正当でない》とみるからです。分配的正義が所得再分配の論拠となることは、19世紀までの歴史においては、ありませんでした。分配的正義とは、「各人に各人

のものを分配すること」、すなわち、実質的平等と同義だったのですが、20世紀になると、「結果の平等」要求を支えるために語義転換されて、「人の名に値する生活を国家が万人に保障すること」を指すようになりました（平等概念の拡散については、119～120頁でふれました）。

これに対して、修正リベラリストは、市民社会における富の偏在、社会的権力のもつ統制力を懐疑的にみる傾向をもっているようです。私人は公民へと改善されたほうがよい、という道徳的な発想がその裏に見え隠れしております。

古典的リベラリストであれば、《人間とは、限定された利他心と限られた寛容をもって活動する個別的存在である》、《人間の行為の動機には、利己心が働くことが多い》とみることでしょう。

〔B〕 人権の論拠についていえば、古典的リベラリストは、《人権は人間が道徳的で人格的であるために保障されるわけではない》とみる傾向にあります。西洋啓蒙の思想が説いた"普遍的価値としての人権"という思考も、実は、キリスト教の教義をその根底にもつ自文化中心（エスノセントリズム）の思想にすぎません。

《人権の普遍性を強調することは疑似宗教改革運動だ》と私はみております。フランス革命は、まさに普遍的自由を実現しようとするこの種の運動だったようです。その結末は、ヘーゲルに従っていえば、「いかなる積極的な成果も行動もうみだせないということであって、残るのは否定の行為だけだということになる」[33]でしょう。ヘーゲルが、ルソーに対して常に批判的だったのは、このことと関

---

33) G・ヘーゲル、長谷川宏訳『精神現象学』402頁（作品社、1998年）。

連しているのではないでしょうか？

　国家、法、権利を語ろうとするとき、われわれは普遍的な人（人格）をイメージすべきではありません。啓蒙思想にいう普遍的人格と普遍的な人権という概念は、個人・家族・市民社会・国家が同心円上にあるとの擬制のうえにかろうじて成立しえたものです。これに対してヘーゲルは、市民社会を別個に取り出して私たちに見せました。市民社会での個人——**血の通った、それぞれ個別の「人間」でありながら、自分の利益を最大化しようとして他人と交わる主体**——こそ現実の姿だ、と説かんがためです。

　〔C〕 現世における個々人の権利を考ようとしたとき、ヘーゲルは自然権や普遍的権利を語ることでは満足できませんでした。権利は、市民社会における分業という社会関係を内部化したものだからです。その意味で権利は、人びとの相互承認の関係に現れるわけです。《自然状態における個々人が生まれながらに権利を有するという命題は偽だ》とヘーゲルが見抜いたのは、そのことを知ったからです。

　"自分の利益を最優先させながら行動することが人間の本性だ"と考えたヘーゲルは、「生まれながらの普遍的権利」、「人が人であることによってもつ普遍的権利」という命題の薄っぺらさを見抜きました。

　「欲望の体系」といわれる市民社会における人間の本性は、動物の欲望と同質であるかのように誤解され誇張されてきましたが、「欲望の体系」が相互依存のネットワークである以上、《そこには相互承認、他者との関係が織り込まれているはずだ》とヘーゲルは言いたかったのです。それを無視して**「普遍的権利」という抽象的命**

題を口にすることは、空虚な念仏であるどころか、制度そのものを不要だとして粉砕するだろう、とヘーゲルはフランス革命の成り行きを見ながら警告したのでした。

　J・リッターは、ヘーゲルが『歴史哲学講義』で述べたことを再確認して、こういっております。

> 「普遍的な、人間を人間として見るという観点から主張される自由を中心に据えるときに同じその主張の中に、同時に、じつはこの自由が人間の生存の歴史的、実質的基盤を排除し、これを否定する結果になる、という矛盾を内包している」[34]。

　法と国制、さらに大きくいえば社会構造は、人びとの暮らしぶりによって異ならざるをえない、相対的なものです。そのことをもっともっと明確に意識してきたのが、第Ⅰ部でみたスコットランド啓蒙知でした[35]。

---

34) リッター・前掲注（4）訳書『ヘーゲルとフランス革命』49頁。同訳書71頁もみてください。ヘーゲル・前掲注（21）訳書『歴史哲学講義（下）』354～355頁参照。R・ニスベット、中久郎監訳『社会学的発想の系譜Ⅰ』38頁（アカデミア出版会、1975年）には、次のようなパッセージがあります。「コントからデュルケームまで例外なく社会学者たちは、フランス革命が時代の社会的状況をうみだすのに決定的な役割を果たしたとみた。〔たとえば〕、コントが彼自身の研究の背景としてとくに指摘したものは、まさに革命によってひきおこされた社会の無秩序であった。ヨーロッパの道徳的解体をおしひろげた責任は、新しい産業組織にもましてフランス革命の『誤った教義』——平等主義、人民主権、個人主義——にある、とコントは考えた。」〔 〕内は阪本。

35) A・スキナー、川島信義＝小柳公洋＝関源太郎訳『アダム・スミス社会科学大系序説』61～62頁（未来社、1997年）参照。

《人権は、ある国家の歴史と伝統のなかに徐々に生まれ出てきた要求だ》と考えるほうがいいでしょう。その要求は、市民社会における日常の人びとの活動——自然的自由の享受——とともに現れ出た、と考えるほうが常識的でしょう。スコットランドの啓蒙思想家ばかりでなく、その影響を受けていたヘーゲルもそう考えたのでした。

第6章 立憲主義のモデル

〔1〕 フランス革命の典型性？

〔A〕 17世紀以降、少なくとも19世紀まで、立憲主義の中心点は、古典的リベラリズムを擁護しこれを維持することにありました。その後、立憲主義の概念には、人民主権、生存への権利、民主的参政権等々関連する要素が入り込んで（それらは、立憲主義と必然的関係をもたないにもかかわらず）、20世紀となると、雑多な概念の寄せ集めとなってしまいました[36]。なかでも、「法の支配」という理念が憲法学におけるキー・ワードでなくなりました。

立憲主義のコアは、何だったのでしょう？

近代憲法史にとって「フランスの典型性」が口にされることがあります[37]。そのことを論証するかのように、立憲主義の必須要素としてたびたび言及されてきたのが、フランス人権宣言の16条です。それは「権利の保障が確保されず、権力の分立が規定されないすべての社会は、憲法をもつものではない」とふたつの要素を示してお

---

36) ヴィンセント・前掲注（1）訳書『国家の諸理論』105～106頁をみてください。
37) 樋口陽一『憲法［改訂版］』（創文社、1998年）41頁、同『憲法Ⅰ』（青林書院、1998年）28～29頁、C・シュミット、阿部照哉＝村上義弘訳『憲法論』（みすず書房、1974年）70、72頁。ただし、「典型性」という意味合いは論者によってさまざまである点には留意を要します。

ります。が、このフレーズを近代立憲主義の要諦であるかのように反復することは、誤った思考に陥りやすいのです。要警戒です。

まず、上の16条にいう「権利」は、2条に列挙されている「自由・所有権・安全および圧制への抵抗」という自然権と、1条にいう「自由で権利において平等なものとして出生し生存する」自然権とを指すのでしょうが、「安全」という自然権は立憲主義の要素として今日言及されることは希有です。ここでは、"当時は安全と自由とは同義だった"として、この点は不問とするにしても、1条に「自由と権利における平等と平等な生存」と並列されているのは、いかにも羅列的です。そしてまた、「所有権」までも自然権だと簡単に割り切られていることも、どうもおかしなことですが、この点も"安全をも含意する自由の概念とは別に、所有権まで列挙してこれを自然権に含めたのは、所有権が自然権であるかどうかの論争に決着をつけるためだった"と解するとしておきましょう（自然法学者の多数は、所有権は絶対的な自然権ではなく、せいぜい相対的・二次的自然権だと考えておりました）。

もし、自由、平等、財産権の違いに無頓着であれば、《フランス人権宣言は、property rights を保障しようとしたアメリカ独立宣言と同じねらいをもっている、つまり、立憲主義の一要素に見事に言及したのだ》と理解されたとしても不思議ではなくなります。

ところが、アメリカとフランスとでは、同じく自由・平等という場合であっても、そのニュアンスは異なっている、と理解すべきです。

ここで私は、Ｉ・バーリンやＨ・アレントに従った、おなじみの「積極的自由／消極的自由」という種別のことをいいたいのではあ

184　第II部　立憲主義の転回——フランス革命とG・ヘーゲル——

りません。自由の捉え方が根本的に違っていた、といいたいのです。そのことは、ヘーゲルを引用しながら、先にふれたとおりです[38]。

〔B〕　では、フランス人権宣言が立憲主義のもうひとつのファクタとして挙げたといわれる「権力分立」はどうでしょうか？

革命期のフランスにおいて最も重視された憲法理論は憲法制定権力でした。要するに、国家における主権をいかに民主化するか、という論点です。人民の主権や国家権力の民主化を言えばいうほど、一般意思のもとに行政と司法を置く理論となり[39]、その構想は、モンテスキューの説いた権力分立論とは大いにズレてきます。《立法権を独占する一院制の議会》、《一般意思を表明する議会》という構想は、権力分立の亜種ですらありません。ルソー主義の表れです。フランスにおいては、権力分立と法の支配とを関連づける思考は定着しなかったようです。

当時のフランスにおける権力分立論と、建国期アメリカにおけるそれとは、先にふれた自由の捉え方と同じように、まったく異質でした。後者は、**人間と「人民」に対する不信感、権力への懐疑心、民主政治の危険性等々、いわゆる「保守」と位置づけられる人びとの構想**でした[40]。立憲主義にとって必要な理論は、"憲法が国家権

---

38) 前掲注（23）およびその本文参照。また、H・アレント、志水速雄訳『革命について』（ちくま学芸文庫、1995年）211頁、ニスベット・前掲注（34）訳書『社会学的発想の系譜 I』39頁も参照。
39) 横山信二「立法と司法、そして行政法」阪本昌成編『畑博行先生古希記念論文集　立憲主義——過去と未来の間』182頁（有信堂、2000年）参照。
40) C・ロシター、アメリカ研究振興会訳『アメリカの保守主義』（有信堂、1964年）88～108頁参照。また、後掲注（72）およびその本文参照。

力の外部に立ち現れて、リヴァイアサンとなりがちな国家権力を分散したり制限したりすることだ"と強調する理論ではありません。立憲主義にとって必要な視点は、統治の機構である国家にとって憲法が必要不可欠の要素であること、換言すれば憲法が国家の内的構成要素であること[41]、これでしょう。これが「法の支配」のことです。「法の支配」は、国家機関の活動が粛々と執り行われるためのルールを内部化しようとする理論です。立憲主義にとってこれこそが最重要価値です。立憲主義とは、「法の支配」という思想の別称だ、と私は理解しております[42]。

「立憲主義」なる単語に「民主」という形容をかぶせて、《「立憲民主主義」の樹立が近代国制のねらいであった》と表明することは避けるべきでしょう。なぜなら、立憲主義とは、民主的な権力であれ、専制的なそれであれ、その発現形式に歯止めをかける制度だからです。

たしかに、近代立憲主義の萌芽期においては、少数の統治者の政治的選好に対して多数派の力をもって対抗しようとしたために、立憲主義が民主主義と矛盾なく両立したようにみえました。ところが、議会制が確立し、普通選挙制の実現をみた今日においては、民主主義という統治の体制を統制する思想体系が求められなければなりません。

---

41) ヴィンセント・前掲注（1）訳書『国家の諸理論』102頁。
42) C・マクゥルワイン、森岡敬一郎訳『立憲主義その成立過程』29頁（慶応通信、1976年）、F・ハイエク、渡部茂訳『法と立法と自由Ⅲ〔新版〕』141頁（春秋社、2008年）参照。

〔2〕 近代の鬼子？ フランス革命

〔A〕 中世立憲主義が、神の摂理と恩寵という natural law、つまり神学的自然法を基礎とするものであったとすれば、近代立憲主義は、人間の合理的な nature を出発点とするものでした。その流れにもいくつかあって、人間の合理性を前面に出したのがフランス革命でした。

フランス革命のねらいは、次の諸点にありました。①王権神授説的な国家哲学を決定的に破壊して、理性自然法を議会を通して実定化すること[43]、②個々の人間が世界の樹立者であるとする民主主義を実現すること、そのために、絶対王制確立前のような、国家の社団的編成（国家のなかにミニ国家が散在すること）を克服すること、③そればかりか、絶対王政確立後のような、「君主の意思が主権の源泉だ」という見方を克服すること、④個々の人間が自律的存在として生存できる条件を保障すること、これであります。そのために、その革命は、1789年8月、「封建制の廃止」によって国民的統一を実現し、「人権宣言」によって国民主権の原理を樹立しました。ところが、その後の国制は、数10年間にわたって変動を繰り返すばかりでした。それは、近代の典型でもなければ、近代立憲主義の典型でもありません。法学者が、まるで指物師のように、歴史と伝統とを無視して、サイズの合わない国制を縫製しては寸直しする作業を繰り返しただけでした。

なぜ、国家権力を一元的に統合して国民国家の樹立を目論見たフランス革命が、「特定の政治機構があらわれると、ただちに自由がそれに異をとなえる」[44]不安定な事態を産んだのでしょうか。

---

[43] シュルフター・前掲注（18）訳書『社会的法治国家への決断』114頁参照。トクヴィル・前掲注（13）訳書『アンシャン・レジームと革命』107頁。

この原因について、歴史学者はあれこれと語ってきました。その仔細はこの第Ⅱ部の主たる関心事ではありませんので、ここでは私の見解を簡単に披瀝するだけにとどめます。

　私のフランス革命の見方は、こうです。

　フランス革命は、あくまで政治現象（正確には国制改造計画）として捉えられるべきである。下部経済構造変化に還元して解剖すべきではなく、また、宗教的な対立または心因という軸によって解明すべきでもない。後二者の接近法は、革命前夜から革命の進行さらには転回へと至る全体像を捉えきれないだろう。

　《フランス革命は、法と政治を通して、優れた道徳的人間となるための人間改造運動だった》、これが私の診断です[45]。そのためには、脱カトリシズム運動という反・宗教的様相を帯びざるをえず、実際にも、宗教的革命ではありませんでした。《それは、法と政治を通しての、「18世紀版文化大革命」だった》と評していいでしょう。その証拠に、革命直後には「友愛」という道徳的・精神的要素が重要視され、1790年には、ローマ教皇に忠実だった聖職者は国家への忠誠宣誓を強制され、1792年には、革命擁護のために「理性の礼拝」運動が大展開され、さらには、1794年になると、ルソーの弟子を自認したロベスピエールが「最高存在の祭典」なる革命祭典を

---

44) ヘーゲル・前掲注（21）訳書『歴史哲学講義（下）』366頁。また、トクヴィル・前掲注（13）訳書『アンシャンレジームと革命』86頁も参照のこと。

45) もっとも、本文での見方は、私の創作ではなく、すでに多くの先人たちによって述べられてきました。たとえば、トクヴィル・前掲注（13）訳書『アンシャン・レジームと革命』116頁は、「フランス革命はフランスの改革をめざしているというよりも、人類の再生に向かって進んでいる様子をあらわしている」と述べています。

国民の祭典として挙行したのは、これらの運動を通して民衆を「共和国の市民（公民）」へと焼き直ししようとしたためでした[46]。

1789年にバスティーユで始まったフランス革命は、脱宗教的な形をとった文化大革命という政治的革命でした。それは、人間の理性を賞賛し、人間が倫理的となる（公民精神の持ち主となる）ための、形を変えた"宗教運動"だったのです[47]。共同体にとっての汚染物を浄化する運動でした。「プープル」という言葉も、**政治的には人民の敵を排除するためのものであり、経済的には富豪を排除し、倫理的には公民にふさわしくない人びとを排除するためのもの**でした[48]。だからこそ、フランス革命は長期にわたって「完成」されたのであり、その精神こそフランス共和国統合を支える精神的・倫理的支柱であるかのように、アナール学派によって説かれ続けてきたのです。

それでもしかし、この文化大革命によっては、人間を改造することはできませんでした。最善の国制を人為的に作り出そうとする政

---

46) 立川孝一・前掲注（23）『フランス革命と祭り』159頁以下参照。

47) トクヴィル・前掲注（13）訳書『アンシャン・レジームと革命』114頁は、「フランス革命は、……いくらか宗教改革の形をとっている政治革命である」と指摘しています。同訳書115頁以下においてトクヴィルは、"人権が普遍的だ"という主張が宗教改革での主張に似ている点に言及しています。

48) 遅塚忠躬『ロベスピエールとドリヴィエ』34〜36頁（東京大学出版会、1986年）。また、同書に、憲法制定権力、人権のあり方、団結禁止自由型自由主義という憲法問題を診て取る立場からの書評につき、樋口陽一『何を読みとるか』167頁以下（東京大学出版会、1992年）参照。

　もっとも、《私生活志向の"men"が、政治に積極的に参加することを通して公的生活志向的な"people"となる》という命題は、アメリカにおいても論じられているようです。F. Michelman, Law's Republic, 97 YALE L. J. 1493, 1502 (1988) 参照。

治革命は、失敗せざるをえません。人間の私利私欲を消滅させようとする革命は、失敗せざるをえません。精神史的大転換を表現する政治的大転回は、偉大な痙攣に終わってしまいました。

〔B〕 たしかに、フランス革命は、ヘーゲルが指摘したように、まさに「世界史の変わり目」でした。しかしながら、それは古い時代の終焉であると同時に新しい時代の幕開けあるかのように過大評価されてはなりません。

フランス革命は、身分制と領主制とを土台とした旧体制の徹底廃棄のうえに均質の国民からなる一元的国民国家を樹立する目論見をもっておりました[49]。諸個人の利害対立を国家の成文法によって解決しようとしました。それは、ジグザグのコースをたどりながらも、93年体制に象徴されるように、「人権」、つまり、「自由と平等」とを、なかでも「人の本質的平等」をプープルに保障する理想社会を約束しようとしました。そのヴェクトルは、差別を認めない平等で均質な社会、すなわち、《市民社会が国家となる国制》の樹立という理想に向けられたわけです。

しかしながら、先にふれたように、それは迷走を繰り返しつつ、結局、中央集権国家をもたらしただけで失敗に終わりました。高く掲げられた理想は、革命的プロパガンダにすぎなかったのです[50]。

---

[49] 国民の均質性は、革命の直後、「国籍」と「市民であること」とが結びつけることによって表わされるに至りました。この点については、水鳥能伸「フランスにおける『市民権』概念小論」前掲注 (39)『立憲主義――過去と未来の間』78頁以下が参考になるでしょう。

[50] M・デュヴェルジェ、時本義昭訳『フランス憲法史』64頁（みすず書房、1995年）。同じ箇所では、「その起草者もそれを施行するつもりはなかった」ともいわれております。

革命という熱狂のさいに発せられた「人権宣言」は、法文書であるというよりも、政治的プロパガンダかもしれない、と今私たちは冷静に振り返ったほうがよいでしょう（旧体制は、革命によらずとも、いずれは消滅したことでしょう）。

立憲主義にとって重要な視点は、フランス人権宣言のなかにはなく、徐々に獲得されてきた国制と自由にある、と考えたほうがいいでしょう。

A・トクヴィルは、フランス革命をこう冷静に観察しておりました。

> 「民主主義的革命は社会の物質的なものの中ではたらいただけで、この革命を有効なものとするために必要な法律や理念や慣習は変化をうけなかったのである。このようなわけでフランス人は、民主主義をもつことはもったが、その悪徳の緩和やその本来の美点の伸長ということについては無視されたのである」[51]。

「革命が破壊し亡ぼしたこれらの残骸〔アンシャン・レジーム下での制度・風習〕から離れて目を別の方面に向けてみてもらいたい。そうすると、そこには裡に権威と勢力のすべてをのみこんでまとめあげている巨大な中央権力がみとめられるであろう。この中央権力は従来、無数の第二次的権力や秩序や階級、職業や家族や個人などのうちに散在していて社会全体のうちにばらばらに分散されていたものであった。ローマ帝国の没落以来、このような中央権力は出現したことはな

---

51) A・トクヴィル、井伊玄太郎訳『アメリカの民主政治（上）』27頁（講談社、1962年）。

かった。革命はこの新権力を創造したのである。否、むしろこの新権力は革命がつくった廃墟から、ひとりでに出てきたようなものである」[52]。

〔C〕 高橋幸八郎を代表とするわが国の歴史学者の定説は、フランス革命をもって「民衆の支援を得たブルジョア革命だ」とみてきました。それは、フランスにおけるジャコバン主義的な革命解釈――1789年からその先に至るまで、大きくは一貫した構造的展開があるという歴史主義的な理解――でもあります[53]。

が、私のようなフランス史の門外漢には、構造的展開はそこになかったようにみえてなりません。それがもたらしたものは、慌ただしく起草されて一貫性を欠く「フランス人権宣言」という思弁的文書[54]、その後の一貫性のない多数の雪崩のような成文憲法、ジャコ

---

52) トクヴィル・前掲注（13）訳書『アンシャン・レジームと革命』110～111頁、〔 〕内は阪本。

53) M・ヴォヴェル、二宮宏之訳「革命二〇〇周年と歴史学」『思想』1990年3月号19頁。

54) フランス人権宣言は、ミラボーによって議会に提出された原案に代わって、第6部会の作成した案が数日間の審議の後、急いで採択されたことからもうかがい知られるように、体系的法文書ではありませんでした。ところが、フランス人にとっては聖典なのでしょうか、デュヴェルジェ・前掲注（50）訳書『フランス憲法史』54頁は「最後に、異なる三〇前後の案から取られた断片の寄せ集めが素早く作成された。しかしながら、このことによって思想の一体性と文体の簡潔な荘厳さとが失われることはなかった」といっております。これに対して、G・ルフェーブル、高橋幸八郎＝柴田三千雄＝遅塚忠躬訳『一七八九年――フランス革命序論』295頁（岩波文庫、1998年）は、人権宣言が特権排除というネガティヴな具体的で過去志向な性格をもっていたことを強調していわく、「人権宣言にたいして、それがあまりに抽象的で哲学的な性格をもっているといって非難することは、反革命的な論議のなかによく見られる常套句である。ただ、実際には、抽象的であるどころか、それが生まれたときの周囲の具体的な状況の影を色濃くおびてい

バン(革命政府)独裁、サン゠キュロット運動(生活必需品の公定価格化にみられる、徹底した公的介入要求)、テルミドールの反乱、そしてナポレオン、王政復古です。

《フランス革命は、民主主義革命でもなければ、下部構造の変化に対応する社会法則を体現したものでもない》と私はみております。

トクヴィルがいったように、「その大革命はフランスでは常にゆき当たりばったりに偶然に行われ」[55]、「遂には多くの努力に疲れはてて、苦労しながら何の成果も得られない労苦に終わ」[56]ったのだ、というのが私の素人的感覚です。

「すべての革命は失敗である。しかし、それがすべて同じ失敗であるとは限らない」といったのは、G・オーウェルだったでしょう。フランス革命の成り行きが後世に教示したものがあるとすれば、自由と平等、自由主義と民主主義とを同時に達成しようとする政治体制の過酷さでしょうか。

この点を見抜いていたのが、ヘーゲルでした。

フランス革命が、暴力を通して社会の解放とひとつの秩序を確立しようとしながらもこれを実現できなかったのは、暴力のもたらした荒廃のためではなく、**何らの先行的モデル(原理)をもたなかったからだ**、とヘーゲルは判定しました(彼にとっては、革命は市民社会が必然的にもたらしたものでした。ということは、フランス革命は

　　　るのであり、その内容にみられる過不足とその諸原理の扱いにみられる精粗繁簡の差とは、まさに人権宣言が『歴史的』な性格をもっていることを証明している。」

55) トクヴィル・前掲注 (51) 訳書『アメリカの民主政治(上)』26頁。
56) トクヴィル・前掲注 (13) 訳書『アンシャン・レジームと革命』368頁。

"市民社会の革命"でもあった、ということになります。この"市民社会の革命"が何の自由をも実現しなかったからこそ、ヘーゲルは国家を市民社会の上にそびえ立たそう、と構想したのでした。国家という実体を通して、理性という人間行動の規制原理を市民社会に組み込もう、というわけです。ここまでくると、彼の理論がマルクスによってさらに先鋭化されてくる因子がみてとれます)。

革命時提唱された「憲法制定権力」という憲法学における基礎概念も、革命期における独裁＝過酷な政治体制を正当化するための論拠でした。なかでも、革命途中から表面に出てきた、プープルという公民の総体が主権者だとする「人民主権論」こそ、代議制民主主義を創設しようとしなかったために全体主義の母胎となったことは、忘れられてはなりません。

私は、ここで《91年体制が93年体制によって完成したのか？》という論争に足を踏み込みたくありません。1793年がフランス革命の「本来の路線の深化」であろうと「逸脱」であろうと、全体のプロセスをみたとき、《1789年以降の一連の動きは立憲主義のモデルとして採り上げるにふさわしくない》といいたいのです。フランス革命の全過程は、個人と国家との二極構造のもとで中央集権国家を構築する過程でした。二極構造を強調する政治理論は、常に独裁につながります。フランス革命は、その例でした。《個人を解放することは、個人が自由を獲得することと同義ではなかった》のです[57]。

---

57) H・アレント・前掲注（38）訳書『革命について』211頁、阪本・前掲注（3）『リベラリズム／デモクラシー〔第2版〕』52頁参照。
　また、トクヴィル・前掲注（13）訳書『アンシャン・レジームと革命』367頁は、次のように言っています。
　「一方では自由に反する多くの制度・理念・修正を破壊したこの革命は、他方で

このことは、本書の注でも引用している H・アレント『革命について』が見事に言い当てております。

〔D〕 以上のような私のフランス革命の見方は、フランス史やフランス憲法の専門家から次のような批判を受けることでしょう。

① フランス革命のいずれの時期または要素をもって、かような診断を下すのか。革命史研究は、1789年から91年の過程を重視する派と、1793年の過程を重視する派とのふたつがあるはずだ。
② 特に、近代立憲主義のモデルを求めようとする目的にとっては、1791年憲法を重視するか、それとも、1793年憲法を重視するか、決定的に重要な視点である。
③ 91年派か93年派か、という対立のなかで、近代市民社会と人権という憲法学にとっての基礎観念を樹立した1789年が重要だという点では、全体的コンセンサスができあがっているではないか[58]。

この批判に対して全面的な論争を挑む気は私にはありませんが、この論争の門外漢の感想めいたことを述べられるとすれば、次のようになります。

は自由のためにどうしても必要な他の多くのものをも廃止したのである。この点を反省するとき、わたくしは次のように信ずるのである。すなわち、革命がもし独裁者によって完成されていたら、その革命は人民主権の名において、人民によって遂行される場合よりもはるかに適切に、いつかはフランス人を自由国民に育成することができたことであろうと。」

58) 辻村みよ子「近代憲法の伝統とフランス革命」前掲注 (53)『思想』85頁。

第6章 立憲主義のモデル　195

(a)フランス人権宣言が最重要であるかのような前提で、91年憲法かそれとも93年憲法か、を論じようとする枠組み自体が狭すぎる。フランス革命の成否は、もっと長期的なタイム・スパンで評価されるべきだろう。後から振り返ってみて、1789年以降の諸憲法がどれほどの自由を人びとにもたらしたというのだろうか？

(b)フランス人権宣言は体系性をもった法文書というよりも、政治的なPR用文書だと見る方がよい、ということについては既にふれた。

(c)91年憲法も93年憲法も人為的な作文（指物師のような法学者が頭の中で考えたデッサン）である。フランス憲法史でお馴染みの、プープル主権がナシオン主権か、という論争はその典型であり、"ナシオン主権であれば間接民主制、プープル主権であれば直接民主制を原則とする"というロジックは、それらのタームの中に結論を誘導する仕掛けを用意しているからこそ成立するにすぎない。

(e)一度も施行されなかった93年憲法は、どのようにでも語りうる。

　"91年か93年か"という論争は、いずれにせよ、統治がどれほど民主化されているか、という理論上の構造にかかわるもののようです。評価基準は、そうではなくて、《ある憲法（国制）が、実際、どれだけの自由保障に貢献したか》というパーフォーマンス度におかれなければなりません。

　"ブルジョア対プロレタリアート"という階級概念や、"前期資本

主義における産業資本"といった経済史上の概念を用いてフランス革命を分析すべきではないでしょう。"人民主権原理が徹底されるほど、民主的で望ましい政体だ"と断定すべきでもありません。ましてや、歴史法則と民主化の程度とを対照しながら、ある憲法の望ましさを判断すべきではありません。

"自由よりも「本質的平等」を謳いあげる人権宣言のほうが進歩的だ"とか、"人民に対して同情的な人権保障が進歩的で望ましいものだ"とか決めつけることは短絡です。人権は誰にとっても貴重だという前提と、民衆や弱者にとって有利か不利かという命題の間には、両立しがたい溝があることに気づかれなければなりません。

たしかに、フランス革命が世界史上初めて「市民社会」を作り出したこと、そのことをはじめて体系的に論じたのがG・ヘーゲルだということを、私はこれまで何度も繰り返してきました。ところが、フランス革命がイメージし追求した「市民社会」は、ヘーゲルのいうそれとは異質でした。ヘーゲルが「市民（ブルジョア）」というとき、それは「自分自身と家族の利害を自分自身の目的としている私人」をいい、公共善を目的として活動する「シトワイアン」とは区別されているのです[59]。

それにもかかわらず、後世の社会経済史家は、「国民万歳、法律万歳、国王万歳」というスローガンに始まったフランス革命を、「王党派 対 ジャコバン派」、「貴族 対 ブルジョアジー」、「伝統（過去）対 革新（現在）」という二項対立図式のもとで捉えてしまいました。アナール派は、そう「構造的に」捉えることによって、旧

---

59) ヘーゲル・前掲注（4）訳書『法の哲学』190節（423頁）での訳者注（6）をみてください。

体制からの非連続性を強調したかったのです（旧体制と革命との連続性をみようとした例外的人物が、A・トクヴィルでした。また、フランス革命150周年を記念して出版されたルフェーブル著、高橋幸八郎ほか訳『一七八九年——フランス革命序説』〔岩波文庫、1975年〕が、従来の解釈とはひと味違う複合革命説を展開して、かえって「修正主義」を勢いづけたこととなったのは有名です[60]。実際、王権が停止されたのは、1792年8月のパリにおける民衆蜂起のときであり、三色旗、フランス人権宣言が革命的なシンボルとして多用され始めたのも1792年以降だったことを考えますと、二項対立的な捉え方の単純さが浮かび上がることでしょう）。

〔E〕「市民社会」を「ブルジョア社会」と断定し、人間の労働が「プロレタリアート」という階級を生み出さずにはおかない、と論じたのが、マルクスでした（ヘーゲルにあっては、「ブルジョア」という言葉は、プロレタリアートと対比されるがごとき階級概念ではありませんでした）。

マルクス主義の影響を受けて、"フランス革命の未来には、第3身分の解放につづく、第4階級（プロレタリアート）の解放がつづかざるをえない"、と見る向きもありました。なぜなら、人権と民主主義というイデオロギーは、階級対立のない、万人が自由で平等な、同質の社会においてはじめて全うされる——フランス革命のやり残したことが実現される——と期待されたからです。同質の社会においては、私的幸福が公的幸福となる、とも期待されました。

ところが、自由と民主主義とを結合させようとしたフランス革命

---

[60] 前掲注（53）『思想』1990年3月号の特集「フランス革命と世界の近代化」に収録された諸論考を参照願います。

は、先にもふれたように、恐怖政治をもたらしてしまいました[61]。"これは、過渡的現象として不可避なことだ"と脳天気でいる論者がいるとすれば、それは歴史に対して鈍感すぎるか政治的に極端なバイアスをもった人物でしょう。この能天気な図式には、"ブルジョアジーによる統治が寡頭的で、農民と民衆による統治が民主的だ"という決めつけが透いてみえます。

リベラリストは、人びとを「人民（公民）」として均質化しようとする統治者権力を要警戒の目で見ることでしょう。人びとを均質化しようと試みられるとき、「あるべき市民＝公民」として国民を陶冶する「文化革命」が試みられるだろうからです。

均質化された大衆の権力ほど、自由にとって危険なものはないでしょう。**実体のない国民が人民として実体化され、ひとつの声をもつかのように論じられるとき、全体主義が産まれ出ます**（第Ⅰ部第4章〔4〕参照）。《自由主義と民主主義とは両立しがたい》といわれることがあるのは、この点を見通してのことです。フランス革命の渦中に現れた一般意思、人民主権、人権思想（自由と平等の考え方）は、合理主義的啓蒙思想の産み落とした鬼子だ、と割り切った

---

61) J・リッター・前掲注（4）訳書『ヘーゲルとフランス革命』26頁、西川長男『国民国家論の射程』168頁以下（柏書房、1998年）、J・タルモン、市川泰治郎訳『フランス革命と左翼全体主義』1～2頁（拓殖大学海外事情研究所、1964年）、F・ハイエク、気賀健三＝古賀勝次郎訳『自由の条件Ⅰ』209頁、（春秋社、1987年）、『自由の条件Ⅱ』（春秋社、1987年）90頁をもみてください。また、R・ニスベット、富沢＝谷川訳『保守主義――夢と現実』9頁（昭和堂、1990年）にいわく、「それ〔フランス革命〕がやったことは平等の名による均一化であり、自由の名によるニヒリズムであり、人民の名による絶対的で全面的な権力の樹立であった」〔 〕は阪本。また、ニスベット・前掲注（34）『社会学的発想の系譜Ⅰ』37頁もみてください。

ほうが全体主義またはプレビシットの危険に陥らないでしょう。

わが国の憲法の教科書レヴェルでは、近代立憲主義の流れとして、イギリスでの動き、アメリカ諸邦の憲法、独立宣言、合衆国憲法、そして、フランス人権宣言（なかでもその16条）、さらに「フランス第一共和国憲法」（実は、立憲君主制の憲法）といった順番で説明されることがあります（教科書レヴェルには、ロックとルソー、フランス革命とアメリカ革命とを同列に並べて論ずるものがありますが、これは、教科書では詳細に論ずることが困難だというエクスキューズを考慮するにしても、私からすれば論外であります）。

これらは一連の流れではなく、《断絶の歴史だった》というべきものです。

イギリスにおける立憲主義は、自然発生的な地方分権と、これまた自然発生的に現れた国民経済の発展を基礎として、徐々に形成されました。これが近代立憲主義のモデルとなって不思議ではないはずです。が、マルクス主義の強いわが国では、イギリスといえば資本主義誕生の国家でした。だからこそ、《これを乗り越えようとしたフランスが自由と平等の近代立憲主義のモデルになる》と期待されたのではないでしょうか。

アメリカはモデルとなるでしょうか？

〔3〕 **アメリカ革命と独立宣言**
〔A〕 アメリカ革命は、英国というリヴァイアサンの主権を否定しようとしたのではありませんでした。

英国が大英帝国における植民地の法的地位を曖昧にしたまま締めつけをきつくしたことに対して、植民地の人びとは、帝国における

法的空白部分を自分たちで埋めることを望んだのです。そのさいに参考とされたのが、J・ロックの述べた「連合権」でした。つまり、《植民地は本国と同じ統治構造をもった国家であって、帝国と対等な連合関係にあるはずだ》と主張したのです。

なにしろ、"植民地の統治構造はイギリスにおけるそれと基本的に同じように、混合政体であり、3つの勢力（機関）の均衡のもとで人びとの自由が維持されている"と考えられておりました。ところが、海をはさんだふたつの統治構造の類似性は、しだいに見かけだけのものとなっていきました（イギリスから派遣されていた国王の臣下たちは、植民地の議会が本国のそれに類似しているという見方をあざけり嗤っていたようです）。

本国における〔君主-貴族院-庶民院〕という混合政体に似せて、植民地では〔Exective（総督）- Council（参議会）- Assembly（下院）〕とするものが多数でした。二院からなる植民地議会は、植民地における立法権をもっておりましたが、総督による拒否権行使にたびたび遭遇してきます。これにプロテストするために、"植民地議会は本国議会との対等な資格において、イギリス帝国の構成要素をなしている"、"にもかかわらず、国王が総督を介して間接的に植民地議会の立法権を浸食している"といわれたわけです[62]。独立宣言にイギリス議会への言及がみられない理由がこれでわかってきます。

〔B〕 連合権を持ち出すさい、その基礎となったのが自然状態と

---

62) 総督と植民地議会・司法部との関係、総督の権限等、詳しいことは、B・ベイリン、田中和か子訳『アメリカ政治の起源』86〜119頁（東京大学出版会、1975年）を参照してください。

万民法でした。《アメリカには自然状態があり、その地においては社会契約によって国家が樹立され、その国家が万民法を通して英国と対等の連合関係に入る》というロック風の主張が当時の政治状況においては好都合だったのです。

アメリカ革命は、革命というよりは英国との連合からの離脱でした[63]。

もっとも、離脱のヴェクトルが働いたのはあくまで「革命時」に限られました。革命の作業にとってロック理論はたしかに好都合でした。そのため、"独立宣言はロック理論を取り入れた文書だ"と後世が見誤ったのです。

今日のアメリカ史研究は、**アメリカ革命がロック理論によって産み出されたわけではない**、と理解を変えてきているといわれます。歴史観も修正された、ということでしょうか？ ロック理論と革命とを結びつけない、この最近の立場は「修正主義(リヴィジョニズム)」と呼ばれております。この「修正主義」によれば、ロック理論の中心である「自然権・社会契約」がアメリカにおいて影響を持ち始めたのは1776年以降になってからだ、といいます[64]。

修正主義者の説くところによれば、アメリカ革命は人間のもっている権力欲、権力をもったときの人間の腐敗が人の自由にとって危

---

63) J・ポーコック、福田有広訳「『保守的啓蒙』の視点」思想1989年8月号82頁参照。より厳密にいえば、《英国議会の立法権からの離脱》です。佐々木武「『英国革命』一七七六年」阿部斉＝有賀弘＝本間長世＝五十嵐武士編『アメリカ独立革命 伝統の形成』181頁（東京大学出版会、1982年）参照。新世界においては、英国のような国教会制は忌避されました。そのために、アメリカにおいては、国家と教会の厳格な分離が求められたのと同時に、強力な世俗権力を樹立する必要があったわけです。

64) 佐々木武・前掲注（63）『アメリカ独立革命 伝統の形成』所収論文185頁参照。

険であること、実際、イギリス本国の支配者が権力欲のもとで陰謀をたくらんでいるようにみえたことに端を発しました[65]。植民地の人たちは、政治の中枢問題が自由と権力という二律背反に回答を与えることにあること、権力は攻撃的であり自由は防御的であること、権力は権力によって抑制されない限り自由を侵害しがちであることを肌で感じていた、といってもいいでしょう。

他方、イギリス帝国にとっても、アメリカの独立は主権の所在に変更を加えるものではないと受けとめられました。というのも、主権をいったん崩壊させて人民がその権力を掌中に収めるというコースは、英国の国制が経験したことのない事態だからです。

このように、ロックの自然権・社会契約理論が独立宣言に与えた影響は限定的でした。ロック理論は、上にみたように、**連合権と万民法に活きた**にすぎません。

ロックの影響は、アメリカ合衆国憲法となると、もっと微少となっていきます。

〔C〕 独立宣言を振り返ってみましょう。

後世がもっとも注目してきのは、「すべての人は平等に造られ天賦の権利を付与され……これらの権利を確保するために人類の間に政府が組織されたこと」を「自明の真理」だという、人類普遍の原理らしきものをうたった部分でしょう。ところが、独立宣言全体をみますと、国王の悪行を逐一列挙する歴史の記述文であると同時に、高度に政治的な文書であって、法の言葉で構成された文書ではないことが判明するはずです[66]。独立宣言の前文にはフランス的な

---

65) ベイリン・前掲注 (62) 訳書『アメリカ政治の起源』72頁を参照してください。
66) 斉藤眞「『独立宣言』研究史素描」前掲注 (63)『アメリカ独立革命 伝統の形

議論はいささかもなく、それどころか、スコットランド啓蒙の思想の影響が強くみられる、という見解が近時のアメリカ政治思想史界に普及してきております[67]。

アメリカ独立革命は、本来の意味での"リヴォリューション"（回転運動して元に戻る＝その意味で「復古」）運動として始まりました。植民地の人びとは、イギリス的立憲君主制に復古したかった、だからこそ、その実現を阻む本国議会から離脱しようとしたのです。が、頼みの国王すら、伝統的自由を尊重しなくなってしまった。そこで武器をもって蜂起した。そのために、一見すればフランスと似た「革命」となったのです。

それが「革命」ではなく「復古」であろうとしたことは、第1回大陸会議での次の決議に読みとることができます。

> 「……北アメリカにおける英領植民地の住民は自然の不変なる諸法および英国憲法の諸原則並びに数多くの特許状および契約に従って、次のごとき諸権利を享有するものである。……」[68]。

そのためのリヴォリューションは、《植民地の人びとの承認する

成』237頁参照。同論文253〜254頁には、政治的文書である独立宣言が「公正な世界に向かって」訴えたとき、実際に念頭にあった相手方は誰であったのか、連合しようとするステートに対してか、最大の援助国として期待されたフランスに対してか、と問題提起しております。

67) 斉藤眞・前掲注（63）『アメリカ独立革命』所収論文239、245頁。
68) 阿部斉・前掲注（10）『民主主義と公共の概念』157頁によっています。ただし、表記を一部変えました。

憲法が制定されるまで、いかなる国家にも服従する義務はない》と独立宣言を通して世界に表明したわけです。

このように、アメリカ独立革命はもともと革命としての性質をもっておりませんでした。独立宣言の革命性は強調されるべきではなく、「アメリカ革命と独立宣言」は、「フランス革命と人権宣言」とは別種だ、と私たちは考えるべきでしょう。

〔D〕 そのことは、ふたつの「革命」の残したものの特徴を対照すれば、さらに説得的となります。

アメリカ革命の残した独立宣言は、個別的事実の確認でした。これに対して、フランス革命における「人権宣言」は、普遍的原理の表明でした。

たしかに、"フランス革命は絶対主義からの解放の成功例だった"といえるでしょう。ところが、既にふれたように、革命直後においてはそうだったとしても、フランス革命は、何らの固定した組織機構をももたらさなかったばかりか[69]、ついには、別の形の絶対主義を産み出してしまいました。そこで追い求められた「公的自由」は、その本来の目論見に反して、世界ではじめて徴兵制をもった中央集権国家をもたらしたばかりか、恐怖政治とナポレオンをも、産み落としたことを、これまで本書は何度も繰り返してきました[70]。

独立後、暫くして制定された合衆国憲法は、政治的文書だった独立宣言とは違っております。合衆国憲法は、自然権・社会契約理論

---

69) G・ヘーゲル・前掲注 (21)『歴史哲学講義 (下)』364頁以下参照。フランス革命を目の当たりにしたヘーゲルは、《自由の法形式と、それを維持するための国制は、どうあるべきか》を論ずるために、『法の哲学』を執筆したといわれています。

70) L・セディヨ、川崎耕一訳『フランス革命の代價』(草思社、1991年) 参照。

に彩られてはおりません。

　この点について、L・ハーツは、こういっております（ちなみに、ハーツは、独立宣言がロックの影響を受けているとしてきた、正統派の政治史研究者です）。

> 「アメリカの場合、成文憲法の制定は、憲法によって具体化された多くの機構的工夫を含めて、メイフラワー号、ニューイングランドの諸タウンの設立契約に遡る一連の歴史的経験の集積の産物であった。いうなれば、それは政治的伝統主義の真髄であった。しかるに、ヨーロッパの場合は、まったくその逆が真実だったのである。すなわち成文憲法の概念は、合理主義者の恋人であり、活動しつつある解放された精神の象徴であった」[71]。

　アメリカの建国期には、「革命」を正当化するために、たびたび社会契約に言及されたのは事実です。が、社会契約は、《人びとの同意に基づかない統治には正当性がない》ことの論証として言及されたにすぎません。革命期の人びとは、英国が一方的に形成してきた政治的制度と慣行を打破するという共通の関心事のために、社会契約なる建前を持ち出しました。が、所期の目的が達成された時点以降、独立という大儀のもとに潜んでいた諸勢力間の対立が顕在化し始めます。いわゆる「危機の時代」です。この時期に、革命の火種を残すことは賢明ではありませんでした。

---

71) L・ハーツ、有賀貞訳『アメリカ自由主義の伝統』77頁（講談社学術文庫、1994年）。

そこで、"革命後の統治は人民によってなされるべきだ"という論理を建前にとどめおくために、さまざまな理論が用意されました。

当時の指導者は、社会契約と憲法制定とはまったく別物であることをはっきりと認識していたようです[72]。popular sovereigntyにいうpopularは、実在するとしても多元的存在であること[73]、また、sovereigntyとは、正当性の契機にとどまるべきことを知っておりました[74]。

軍事的指導権がJ・ワシントン、J・アダムズらの穏健派の手に渡ったこともあって、穏健派指導者たちは、新しい国のかたちも、過去の歴史（イギリス国制）のよいところを組み入れない限り、実現不可能であることを明確に意識しておりました。**憲法制定会議は、過去と未来とを結びつけるための堅実な作業に従事したのでした。**そのために、フランスでみられた抽象的理論は意図的に避けられました。

彼らは、何度も憲法制定会議を開くことに伴う危険を知っておりました。彼らは、当時の世間に蔓延していた民主主義的な感情を喜ばせるだけの方針――一院制の議会、複数からなる執政府、公職

---

72) 阿部斉・前掲注（10）『民主主義と公共の概念』204頁参照。なお、当時のアメリカ建国の父たちは、フランスと同じように、憲法制定権力と立法権との違いを論じていたといいます。同書170頁をみてください。

73) 阪本昌成・前掲注（3）『リベラリズム／デモクラシー』152頁を参照願えれば幸いです。

74) J. Miller, The Ghostly Body Politic : The Federalist Papers and Popular Sovereignty, 16 POL. THEORY 99, 104 (1988). また、吉崎暢洋「イニシアティブによる憲法改正」前掲注（39）『立憲主義――過去と未来の間』112頁注（65）およびその本文参照。

者の1年ごとの改選、憲法改正の簡単な手続、仰々しい権利章典——を避けました。建国の父たちが、合衆国憲法の統治体制を、わざわざ「共和制」(Republican Government)と名づけて、民主政体から区別したのはそのためだったのです[75]。もっとも、建国の父たちが「共和制」というタームによって何を構想していたかとなると、確答はないようです。が、《そのヒントはモンテスキュー理論にある》と私はみております。

モンテスキューは、政体の類型として「君主政/共和政/専制政」という別をあげました(制度論ではない政体の類別のときには「〇〇政」と表記されます)。彼のいう「共和政」は、貴族政と民主政の双方を含んでおりました。アメリカの建国の父たちが「共和制」といったとき、貴族政と民主政とのバランスをイメージした制度論だ、これが私の理解です。それだけモンテスキューの影響は大でしたから。

〔E〕 モンテスキューの影響はそれだけにとどまりません。人間観にも強い影響を与えました。

合衆国憲法の制定のために奔走したA・ハミルトンは、「人間性の平等」という神話の愚かさをつきながら、人間の邪悪さについて、繰り返し語りました。ハミルトンに輪をかけたような穏健派だ

---

75) ハミルトン=ジェイ=マディソン、斉藤眞=武則忠見訳『ザ・フェデラリスト』47頁(福村出版、1991年)、阪本・前掲注(3)『リベラリズム/デモクラシー』146~152頁参照。なお、合衆国憲法制定に先立って、1780年にはマサチューセッツ邦の憲法が制定されました。同邦の憲法は、民主過程によって作られた最初の憲法でありながら、「当時においてもっとも非民主的な憲法のひとつであった」といわれます。それもそのはず、それは、穏健派J・アダムズが起草したものでしたから。阿部斉・前掲注(10)『民主主義と公共の概念』219頁。

ったJ・アダムズは、《"人間が賢明で有徳だ"という仮定に基づく国家のデザインはすべて欺瞞であり幻想である》と警告を発し続けました[76]。Publius（『ザ・フェデラリスト』の著者たち）によるキャーンペーンが、《大英帝国による植民地統治は人間性に内在する悪の露呈だったのだ》という主張と結びついたとき、人びとは深く納得しました。権力分立理論は人間に対する不信感を基礎としているとよくいわれる理由、合衆国憲法が権力分立構造を採用した理由が、これでよくわかります。権力分立理論は、人間の持つ権力欲という情念を他の情念によって押さえ込もうとする目論見です。この人間不信は、統治者に限らず、「人民」にも向けられている点には留意を要します。つまり、「勧善懲悪のストーリー」ではないわけです。

〔F〕 合衆国憲法、邦憲法、そして、独立宣言との関係は、次のようにまとめることができるでしょう。

独立宣言は、相当数の邦における憲法制定の理念とされた。が、1776年のヴァージニア憲法とは異なって、1780年のマサチューセッツ邦憲法となると、独立宣言の理念から離れる傾向を示してくる。合衆国憲法となるとその傾向が一段と顕著となった。合衆国憲法は、《革命期の邦憲法は倣ってはならないモデルだ》とみた穏健派の作品となった。合衆国憲法制定において独立宣言は、その指導原理となることはなかったのである。合衆国憲法が模範的先例としたのは、イギリス立憲主義だった。

---

[76] ロシター・前掲注（40）『アメリカの保守主義』88〜108頁による。

第Ⅱ部のまとめ

　リベラリストは、フランス革命とその人権宣言のねらいは幻想だった、と銘記してきたはずです。フランス人権宣言の有名な16条さえも、その国の憲法制定会議において正確に理解されていたとは思われません。フランスの憲法において勝利を得たのは、イギリスの議会主義とは異なって、他機関からの抑制的要素を排除した「実に無制約な議会主義」でした[77]。このことは、人権宣言には、モンテスキューの影響が少なく、ルソーの影響が大きいことを示しております（モンテスキューの権力分立論は、英国で理想とされていた「混合政体」からヒントを得たものでした[78]）。

---

77)　G・イェリネック、芦部信喜ほか訳『一般国家学』422頁（学陽書房、1974年）。ただし、デュヴェルジェ・前掲注（50）55頁は、「モンテスキューの思想から着想を得ている」と断定しています。おそらく、デュヴェルジェが誤っていることでしょう。フランス革命期、チュルゴーやコンドルセは、J・アダムスの起草したマサチューセッツ邦憲法が二院制、執政府首長の拒否権を組み入れ権力分立構造を採用していることに対して、大いに批判的だったといいます。フランスのリベラル派にとって権力分立は、封建的特権の維持強化につながるものと考えられたのです。阿部斉「アメリカ的個性の自覚──ジョン・アダムズの政治思想・序説」前掲注（63）『アメリカ独立革命』12～16頁参照。

78)　阪本昌成「議院内閣制における執政・行政・業務」佐藤＝初宿＝大石編『憲法五十年の展望Ⅰ』222頁（有斐閣、1998年）を参照してください。政治学において、最も定着している統治形態の分類は、［君主政／貴族政／民主政］です。これ

過去を振り返ったとき、どのタイプの自由主義であれ、民主主義が巻き起こす弊害に対して十分な理論体系を準備してこなかったのではないか、と私は感じております。リベラリストも、"人間の解放を目指していたフランス革命が自由主義に矛盾することはないだろう"とか"民主主義は、人間解放[79]にとっての最短距離だ"と軽く信じてきたのではないでしょうか。

「革命の世紀」であった20世紀が、実は「反革命の世紀」でもあったことが判明した今、憲法を学ぶにあたって必要な視角は、フランス革命と結びついてきた「人権も民主主義も」という要求から解放されること、フランス革命を近代市民革命の望ましいモデルと考えないこと、「人権も民主主義も」という思想は「美しいイデオロギー」にすぎないこと、です。

なぜ、人権思想が「美しいイデオロギー」にすぎないのでしょうか？

人権の理念は自然権思想によって強化され、強化された理念がわれわれを教化してきました。それは、人間理性に過剰な期待を寄せ

らが腐敗したときには、［君主専制政治／寡頭専制政治／愚民政治］とそれぞれ呼ばれます。望ましい統治体制は、前者の3つをブレンドし、それぞれの要素が他の要素に作用するよう工夫したときに現れることは、モンテスキュー以前にもよく知られていたことでした。18世紀に自由の創造に最も成功したといわれていたイギリスは、17世紀の初期には、こうした統治体制を確立したと信じられておりました。ベイリン・前掲注(62)『アメリカ政治の起源』25頁参照。このベイリンの著書は、自由保障にとっては、国家と教会との関係に決着のついた統治構造でなければならないことを指摘している点で、視野の広い作品となっております。

[79] 人間の解放という思想は、さまざまな副次的な思想を産み落としました。そのひとつが、人間の理性による放縦(傾向)性の解放を説く積極的自由論で、他のひとつが、食料、衣服等の保障を求めるサン＝キュロットの権利要求です。この両者は、おそらく無縁のものではないでしょう。

た産物でした。

なぜ、民主主義が「美しいイデオロギー」にすぎないのでしょうか？

これに対する私の解答は、別のところで既に示しました[80]。

ここでは、次の点だけを確認させてください。民主主義論のなかでも人民主権論が全体主義につながるという警戒心は、古典的リベラリストのみならず、「リベラリズム／デモクラシー」の区別に敏感な人びとによって抱かれてきた、という点です[81]。J・シュンペーターが、経済市場をモデルにして、《民主主義とは政治的リーダーたちが得票を獲得するために競争する政治的装置だ》と定義し、R・ダールが《民主政治とは、多数派の支配ではなく、複数の少数派の支配だ》としたのも、人民主権の実体化を回避するためでした[82]。

人民主権論の危険性については、多くの論者が指摘してきましたが、ここでは、H・ヘラーを引用しておく価値があるでしょう。

> 「国民としての民族に民族人格（Volkspersönlichkeit）が与えられ、それに感情と意識のみならず、政治的意志と政治的行動能力とが付与されたことによって、国家学において最も憂慮すべき混乱が生じた。かくて、民族〔人民〕は、未だどこにおいても存在したことのなかったような先天的ないし共同

---

80) 阪本・前掲注（3）『リベラリズム／デモクラシー〔第2版〕』を参照。
81) トクヴィル・前掲注（13）訳書『アンシャン・レジームと革命』59頁参照。
82) 阪本・前掲注（3）『リベラリズム／デモクラシー〔第2版〕』174頁以下、佐々木毅・前掲注（6）論文353頁参照。

体と虚構の政治的統一体に形而上学化されたのである。……国民主義および民主自由主義（Demoliberalismus）の観念はともに、実際のところ、国家にのみ当然帰すべきである政治的活動統一体の概念を、気づかない中に国民の概念と取り違えるという結果を招いてしまったのである」[83]。

私たちは、人民主権原理と直接民主制に警戒的であるほうがいいでしょう[84]。民主主義は「法の支配」にとって負の遺産を残すだろうと、私は大いに警戒的です。

---

83) H・ヘラー・前掲注（5）訳書『国家学』241～242頁、ただし、〔 〕内は阪本。また、トクヴィル・前掲注（13）訳書『アンシャン・レジームと革命』368頁には、「一体としての国民には、自由民族の経験と美徳とが要求されたが、各市民には善良な隷従者の諸特性が要求された」との絶妙な言い回しがみられます。
84) See Miller, *supra* note 74, at 99.

あとがき

(1) J・ルソーは『人間不平等起源論』(岩波文庫、1933年) において、こう述べております。

> 「社会の基礎を検討した哲学者たちは、みな自然状態にまで遡る必要を感じた。しかしだれひとりとしてそこへ到達した者はなかった。ある人たちは、この状態にある人間のうちに正義と不正義の観念を想定することをためらわなかったが、人間のこの観念をもっていたにちがいないことも、その観念がかれに有用であったことさえも証明してみる気はなかった。他の人たちは、自分に属するものを保存するという各人にある自然権について語ったが、属するとはどういう意味なのかを説明しなかった。また他の人たちは、まず弱者に対する権力を強者に与え、それからただちに政府が生まれるものとしたが、権力や政府という語の意味が人々のあいだに存在しうるまでにすぎさったはずの時間のことは考えもしなかった」(訳書・37~38頁)。

> 「自然法の真の定義についてあれほどの不確実さと曖昧さとを投げかけているのは、人間の本性に関するこの無知なのである。〔中略〕ほとんど自然を知らず、そのうえ法という語の意味についてほとんど一致しないのだから、自然法の妥当

な定義を決めることはきわめて困難なはずである」(訳書・25〜30頁)。

《ルソーは、結論においては間違ったが、問題設定の段階においては正しかった》、と私はみております。モラリストであったルソーも、人間の本性が利己的であること、個と全体とを両立させることの困難さを知っておりました。J・ロックのようなナイーブさをもたない、苦悩の人でした。が、結局はその処方に失敗しました。

(2) 私たちは、人間の利他性、寛容、知性が限られていること、この世の資源が限られていること(希少性問題に直面せざるをえないこと)、市場が資源配分のための機構であるばかりでなく、利己心の調整の場であること等々をもっと学ぶべきです。人間や市場を最適な社会規範にあうように組織化することの無謀さと危険性を、私たちはもっと知るべきです。

"人間性"や"人の理性"ばかりに目をとられていると、呉智英が『言葉につける薬』(双葉文庫、1998年)で述べたように、"美しいイデオロギーは、悪しきイデオロギーと同じように、真実をみえなくする"でしょう。

(3) このたび、新たな様相をもって「近代立憲主義を読み直す」を公刊するにあたって私は、近代政治思想の流れをマキアヴェリから学習し直しました。まずは、J・プラムナッツ、藤原保信ほか訳『近代政治思想の再検討』(早稲田大学出版部)から。その第1巻がマキアヴェリ、ボダン、ホッブズ、第2巻がロック、モンテスキュー、ヒューム、第3巻がバーク、ルソー、ベンサム、第4巻がヘーゲルを扱っており、本書の筋を再考するに大いに有益でした。Sh.

ウォーリン、尾形典男ほか訳『西洋政治思想史 III マキアヴェリとホッブズ』(福村出版、1977年) はコンパクトで助かりました。また、古典的な作品である福田歓一『近代政治原理史序説』(岩波書店、1971年) は、政治学における重要なタームの語義転換を知るに最適の書物でした。これらを読むにつけ、これまでの私の知識の浅薄さを痛感しました。

ロックにつき再考するにあたって、加藤節訳『統治二論』(岩波書店、2007年) の訳を参照しておりますと、government を「統治」と、civil を「政治的」と適切に訳出しており、ロック理論を適切に理解するに役立ちました。本書で私は"ロック理論には、統治構造論がない、""ロック理論においては、市民社会と政治社会との区別がない"と言った以上、government を「政府」と訳出してはなりませんし、civil society を「市民社会」と捉えてはなりません。ロックのいう civil society は civitas の言い換えだ、とみるべきでしょう。

(4) 今回の見直しにあたって消化しきれなかったのは、スミスの国制理論についてでした。上にふれたプラムナッツの業績は、スミスを論じておりません。日本のスミス研究も、圧倒的に経済学者の手によるもので、残念ながら、私には参考になりませんでした。

ところが、経済学者の手による本であっても、山辺知紀『ヘーゲル「法の哲学」に学ぶ』(昭和堂、2005年) となりますと、私は全く別の印象をもちました。この本は、私にとって刮目の書でした。長年にわたってヘーゲルの国制理論を追い求めている私ですが、難解すぎるヘーゲル理論解説にいつも根負けしてきたところです。この本を読んで私は、はじめてヘーゲルの体系を理解したように感じま

した。ヘーゲルのいう Recht は、正義、法、法律、権利、道理、正当等をすべて含んだ、何とも日本語にしがたく理解困難な言葉であるところ、この本は、"完全な自由は意志の自由にある"という視点をまず説明し終えて、身体の所有、財産の所有、そして、人格へ、さらに Recht へと話題を展開しています。

（5）本書が今回私の読んだこれらの業績を十分に活かしているか、私には確証はありません。が、2000年に公刊した旧作品よりは、深みが出たのではないか、と私は感じています。

こうして本書を書き終えた今、「自然権保全のための社会契約論の危うさ」を私は再度口にしたくなってきます。本文にも論じましたように、「社会契約」という用語自体、歴史的に新奇であるばかりか、実に曖昧なものです。ホッブズ理論は、「契約」とは別個の構成をとっていますし、ロックにしても、original compact との用語によっています。私たちは、近代立憲主義をもっと慎重に論じ直すべきでしょう。

（6）幸い、憲法学界の若い世代は自由な発想で新しい憲法体系を作り上げてきております。私は、次世代の憲法学者に夢を託すことにします。彼らが外国法偏重主義から脱し、しかも、外国の思想のいいとこ取りに終始しないで、語義転換の把握に慎重であることを望んでおります。

語義転換を見抜くにあたっては、これまで政治哲学に3つの流れ（理念型）があったことに留意すればいいでしょう。

第1の流れは、「自然法―自然権―社会契約」という枠組みのもとで、「権利の言葉」を駆使しながら、治者と被治者とを含む政治社会の nature を解明しようとする思考です。これが、社会契約を

梃子にしてcivitasの語義を組み直そうとする、近代啓蒙思想の流れです。この代表的論者がロックです。この思想が近代のリベラリズムの基礎だ、と扱われてきました。支配または妥協を必定とする統治の領域に、個々人の自然権というメタ実定法の価値と、個々人の統治への同意という合理的な要素を強調する合理主義啓蒙思想は、絶対王政を打倒するに最適でした。

　第２は、この第１の傍流です。この第２の流れは、civitasモデルに最も忠実に、「徳の言葉」で、個人の内部だけでなく市民社会にみられる「公益／私利」の対立を解消しようとする政治哲学です。本書では、この人間のイメージを「公民」と呼んできたところです。「徳―公民―共和制」という枠組みを強調する「共和主義」（republicanism）がこれです。共和主義は、第１の流れを次の第３の思想に奔流させないための傍流となってきた、とみることもできますが、実は、もともと第１のものが、濃淡は別にして、この第２の思考を隠しもっていたと私は診断しています。双方とも、civitasをモデルにして、治者と被治者を「政治的共同体」へと溶け込まそうとする理論だからです。「政治的共同体」モデルは、強権なくとも強固な組織体となってきた教会の模倣なのです。

　第３が、civitasモデルまたは「政治的共同体」モデルから自由なスコットランド啓蒙思想です。この流れは、統治領域とは別の「市民社会」のnatuteを「経済の言葉」を用いて解明しました。つまり、財貨を産み増やしていく交易の領域に、需給の経済法則という観点から接近し、「国家／市民社会」二分法を打ち立てた流れです。この二分法を平たく言い直すと、"政府は、国民の財貨を使い尽くすかもしれない強制の機構であるのに対して、市民社会での自

由で水平的な交易は財貨を増やし、ナチュラルに自由量を増加させるだろう"となります。この第3の流れはnatural lawの語義を完全に組み直しました。ヒュームやスミスは、「physis／nomos」の二分法から超然として、時間とともにおのずから変転する領域を私たちに開いて見せたのでした。理性を求心点とする「ゲルマンの自由」にはない着想です。道徳から解放されきれていないウエットな政治の理論を、ヒュームやスミスは、日乾ししてみたかったのでしょう。"市民社会の問題解決にあたっては、政治を少なく、市場を多く、そうすれば、「自然的自由」は拡大していく"と彼らは言いたかったのです。natureの全面的語義変換です。

　ルソーも、natureやnatural law, natural stateといった言葉を、根底から語義転換しようとした人物です。彼は、「徳」を語る宗教家であった点、私有財産という毒に横溢された文明社会が人間をダメにしているとみた点（原罪論者にあらず）、理性が情動を統御できるほどの力を持ってはいないと見破っていた点、等々において、主流の啓蒙思想からは距離をとった人物でした。いや、ルソーこそ、啓蒙の言葉を根底から転換しようと試みた、反・啓蒙の思想家だった、というほうが適切でしょう。それだけ、ルソーの思想は、近代政治思想における異物でした。彼が啓蒙思想家であれば、政府または国家の権力の限界を真剣に追い求めたはずです。彼の理論には、これがありません。"ルソー的思考は立憲主義にとって最も危険な発想だ"と私が本文で言ったのは、そのためです。

事項索引

あ　行

アダムズ, J. ……………………206
アメリカ独立宣言 ………51, 138, 183
アリストテレス ………………30
アレント, H. …………133, 183, 194
一般意思 ………………………53, 58
営利法人 ………………………176
王権神授説 ……………………26

か　行

家族 ……………………140, 171
　ヘーゲルの―― ……………141
カント, I …………30, 138, 157, 163, 168
キヴィテス (civitas) ………12, 131
希少性問題 ……………………81, 85
矯正的正義 ……………………177
共和国 …………………………33
共和制 …………………………207
近代立憲主義 …………………3
　→立憲主義もみよ
グラスゴウ大学講義 …………93, 95
グロチウス, H. ………………20
経済的自由 ……………………77, 152
現代立憲主義 …………………4
憲法制定会議 …………………206
憲法制定権力 …………………184, 193
権力分立 ……………………3, 155, 184
交換的正義 ……………………177
公共善 ……………………26, 106, 142
公共の福祉 ……………………118, 154
公法 ……………………………133
　→私法もみよ

公法私法の二元論 ……………133
公民 …………………42, 57, 60, 136
　ルソーの―― ………………57, 60
公民宗教 ………………………67
合理主義啓蒙派 ………………15, 108
国民国家 ………………………8
古典的リベラリズム …………123, 125
個別的意思 ……………………60
混合政体 ………………………200

さ　行

財産権 …………………………102
　→私的所有もみよ
ジェファソン, T. ……………51
自己決定 ………………………66
自己統治 ………………………65
自生的秩序 ……………………99
自然 ……………………………16
　スコットランド啓蒙派の―― …16
　ホッブズの―― ……………17
　ロックの―― ………………17
自然権 …………………………25, 49
　ホッブズの―― ……………25
　ロックの―― ………………49
自然状態 ………10, 21, 24, 30, 36, 40,
　　　　　　　　53, 59, 130, 161
　ホッブズの―― ……………21, 24, 30
　ルソーの―― ………………53, 59
　ロックの―― ………………36, 40
自然的自由 ……………44, 60, 97, 107, 181
　ルソーの―― ………………60
　ロックの―― ………………44
自然的正義 ……………………92
自然法 …………21, 27, 31, 36, 40, 82, 86

ヒュームの―― ……………………82, 86
ホッブズの―― ………………21, 27, 31
ロックの―― ……………………36, 40
私的自治 ………………103, 127, 137, 154
私的所有 ………………………………58, 81
→財産権もみよ
私法 ……………………………………133
→公法私法の二元論もみよ
資本主義 ………………………………145
市民 ……………………………………196
ヘーゲルの―― …………………196
市民社会………8, 43, 57, 89, 90, 100, 124,
132, 141, 170, 197
スミスの―― ……………………90, 100
ヘーゲルの―― …………………141, 170
マルクスの―― …………………197
ルソーの―― ……………………57
ロックの―― ……………………43
市民的自由………………………………61
ルソーの―― ……………………61
社会 …………………………………16, 129
スコットランド啓蒙派の――……16
大陸啓蒙派の―― ………………16
社会契約 ………………………25, 41, 62
社会契約論 …………………………58
ルソーの―― ……………………58
ロックの―― ……………………58
社会国家………………………………88, 129
社会状態 ………………………………55, 130
ルソーの―― ……………………55
社会民主主義 …………………125, 128
自由 ……………………………32, 44, 60
ホッブズの―― …………………32
ルソーの―― ……………………60
ロックの―― ……………………44
自由の強制 ……………………………66, 74
シュンペーター, J. ……………………211
消極的自由 ……………………………101

→積極的自由もみよ
諸国民の富 ……………………………101
所有権…………29, 36, 38, 43, 87, 170, 183
ホッブズの―― …………………29
ロックの―― ……………………36, 38, 43
人格 ……………………………………157, 158
カントの―― ……………………158
ヘーゲルの―― …………………158
人格価値の不可侵性 ……………118, 151
人格性 …………………………………158, 166
信託 ……………………………………48
人民 ……………………………………136
人民主権………………68, 71, 73, 182, 198
信約 ……………………………25, 27, 31, 32
スコットランド啓蒙派 ………15, 47, 108
status …………………………………131
スミス, A. ……………………………15, 18, 34
正義 ……29, 60, 86, 87, 88, 90, 92, 94, 105
スミスの―― ……………………90, 92, 94, 105
ヒュームの―― …………………86, 87, 88
ホッブズの―― …………………29
ルソーの―― ……………………60
政治社会 ………………………………43, 89
ロックの―― ……………………43
政治的共同体 …………………………130
→キヴィタス (civitas) もみよ
政治的自由 ……………………………77
精神的自由 ……………………………152
政府 ……………………………………131
→ status もみよ
積極的自由 ……………………………70
→消極的自由もみよ
前衛党 …………………………………65, 134
戦争 (闘争) 状態 ……………………24, 54
全体主義 ………………………………142, 211

た　行

大陸啓蒙派……………………………15
　→合理主義啓蒙派もみよ
ダール，R. ……………………………211
嫡流憲法学 ………………………………6
抽象的権利 ……………………………174
中世立憲主義 …………………………186
直接民主制……………………………71, 151
デュルケーム，E. …………………53, 61
同感 ……………………………………92
　→道徳感情論もみよ
統治契約…………………………………72
道徳感情論………………………………95
道徳主義 ………………………………143
トクヴィル，A. ……………………190, 192
独立宣言 ……………………………202, 208
　→アメリカ独立宣言もみよ

な　行

natural…………………………………160
natural law ……………………………161
　→自然法もみよ
ニスベット，R. …………………………13
人間の情念 …………………………33, 87
人間の本性 ……15, 17, 30, 43, 55, 81, 83,
　110, 114, 155, 158, 162, 163, 166, 174, 179
　合理主義啓蒙派の―― ……………110
　ヒュームの―― …………………81, 83
　ヘーゲルの―― …………18, 114, 174, 179
　ホッブズの―― ……………………17, 30
　ルソーの――…………………………55
　ロックの――…………………………43
人間不平等起源論 ………………55, 69, 101
nomos ……………………………41, 78, 111
　→ physis もみよ

は　行

ハイエク，F. ……………………………88, 99
配分的正義 ……………………………177
ハーバーマス，J. ……………………133
ハミルトン，A. ………………………207
バーリン，I. …………………………183
physis……………………………………78, 111
　→ nomos もみよ
ヒューム，D. …………………15, 18, 33, 52
平等概念 …………………………119, 120
　機会の平等 …………………………119
　結果の平等 ……………………120, 178
　実質的平等 ……………………120, 178
　条件の平等 …………………………119
フランス革命 ……50, 113, 138, 149, 150,
　　　　　　　　　　　169, 176, 178, 186
フランス人権宣言 ……138, 150, 176, 182
フリードマン，M. ……………………99
ブルジョア ……………………………135
　→市民もみよ
分業……………………………82, 94, 96, 179
　スミスの―― ……………………94, 96
　ヒュームの――………………………82
　ヘーゲルの―― ……………………179
ペイン，T. ……………………………51
ヘーゲル，G. …………………………18, 114
ヘラー，H. ……………………76, 165, 211
法の支配 ………………151, 155, 182, 185
ホッブズ，T. …………………………17, 21, 84
ポリス …………………………………42, 73

ま　行

マックファーソン，C. …………………42
マルクス，K. …………103, 140, 173, 197
マンデヴィル，B. ……………………79, 82

見えざる手……………95, 96, 98, 106
　→スミス, A. もみよ
モンテスキュー, Ch. ………34, 64, 82,
　　　　　　　　　　　　　　91, 160

ら　行

リヴァイアサン………………23, 27, 30
理性……24, 31, 33, 37, 64, 79, 91, 142, 165
　スミスの————…………………91
　ヒュームの————…………………79
　ヘーゲルの———— ………142, 165
　ホッブズの————…………24, 31
　ルソーの————…………………64

　ロックの———— …………………33, 37
立憲主義……………………………150
　→現代立憲主義, 中世立憲主義もみよ
立法 ……………………………62, 65
　ルソーの————…………………62, 65
立法権………………………………46
　ロックの————…………………46
ルソー, J.………………33, 34, 49, 105
law ……………………………………160
　→ natural law もみよ
労働価値説………………………39, 106
ロック, J. ……………………………17, 33
ロベスピエール……………………68, 187
ロールズ, J. ………………………133

著者略歴

阪本昌成（さかもと まさなり）

1945年　広島市に生まれる。
1967年　広島大学政経学部卒業。
1969年　神戸大学大学院法学研究科修士課程修了後、京都大学大学院
　　　　法学研究科博士課程編入後、神戸大学法学部助手、
　　　　広島大学政経学部助手、同講師、同助教授、同教授、九州大
　　　　学教授を経て、
現　在　立教大学教授、法学博士（京都大学）。

主要著書

プライヴァシーの権利（成文堂、1981年）
表現の自由と情報公開（成文堂、1983年）
プライヴァシー権論（日本評論社、1986年）
ベーシック憲法―憲法学の基礎とその周辺（弘文堂、1989年）
身元調査とプライヴァシー（解放出版、1990年）
コミュニケイション行為の法（成文堂、1992年）
憲法理論Ⅱ（成文堂、1993年）
憲法フォーラム（共編著、有信堂、1994年）
憲法理論Ⅲ（成文堂、1995年）
顧客リスト取引をめぐる法的諸問題（共著、成文堂、1995年）
これでわかる!?　憲法（編著、有信堂、1998年）
憲法理論Ⅰ〔補訂第三版〕（成文堂、2000年）
リベラリズム／デモクラシー〔第二版〕（有信堂、2004年）
憲法1　国制クラシック〔第二版〕（有信堂、2004年）
法の支配（勁草書房、2006）
全訂第三版憲法2　基本権クラシック（有信堂、2008）

新・近代立憲主義を読み直す

2000年11月20日　初版第1刷発行
2008年10月1日　新版第1刷発行

著　者　　阪　本　昌　成

発行者　　阿　部　耕　一

162-0041　東京都新宿区早稲田鶴巻町514番地
発行所　　株式会社　成　文　堂
電話 03(3203)9201(代)　Fax 03(3203)9206
http://www.seibundoh.co.jp

製版・印刷　㈱シナノ　　　　製本　弘伸製本
☆乱丁・落丁本はおとりかえいたします☆
©2008 M. Sakamoto　Printed in Japan
ISBN978-4-7923-0448-5　C3032　　　検印省略
定価(本体2300円＋税)